COLLECTION
ROLF HEYNE

Jens Priewe

DIE WEINE VON SÜDTIROL

Unter Mitarbeit von Christoph Tscholl

Mit Fotos von Bodo A. Schieren

Wilhelm Heyne Verlag
München

Bildnachweis:
Kartographie: Huber, S. 29, 31 und 33
Wirtschaftsförderungsinstitut der Handels-, Industrie- und
Landwirtschaftskammer Bozen, S. 19 sowie alle Abbildungen
im Kapitel »Einleitung«
Alle anderen Fotos: Bodo A. Schieren

Copyright © 1999 by Wilhelm Heyne Verlag
GmbH & Co. KG, München
Umschlaggestaltung: Hauptmann und Kampa Werbeagentur, CH-Zug,
unter Verwendung von Fotos von Bodo A. Schieren
Graphische Gestaltung: Marina Faggioli-Herold
Herstellung: Karlheinz Rau
Repro: media one, München
Druck und Bindung: RMO Druck, München

Printed in Germany

ISBN 3-453-15959-4

Inhalt

Vorwort
7

Einleitung
9

Südtiroler Traubensorten
24

Genossenschaftskellereien
37

Privatkellereien
97

Eigenbauwinzer
155

Weitere empfehlenswerte Weinhöfe
und Weinkellereien
214

Anhang
215

Die besten Vinotheken Südtirols
216

Glossar
217

Jahrgangstabelle
220

Register
221

Bezugsquellen
222

VORWORT

Fast zehn Jahre lang habe ich als Weinschriftsteller und Journalist Südtirol gemieden. Zu bieder, zu banal erschienen mir die Weine, zu muffig die Weinkeller, geradezu unerträglich die volkstümelnde Weinkultur. Als ich 1990 erstmals wiederkam, entdeckte ich ein anderes Südtirol. Ein Südtirol, das nicht mehr durch Bergbauernidylle und Busladungen von Billigtouristen geprägt ist, die knipsend durch die Weinberge lärmen und blaßrote Leichtweine konsumieren, sondern ein Südtirol der Feinschmecker und Weingourmets, die mehr suchen als Schlutzkrapfen, Speck und Kalterersee: nämlich charaktervolle Weißweine und dunkle Rotweine, wie sie nur dort zu finden sind.

Damals war diese neue Südtiroler Weinkultur erst in Ansätzen zu erkennen, obwohl es in den Kellern bereits mächtig gärte. Doch bei meinen Besuchen in den folgenden Jahren hat sich bestätigt, daß es nicht einzelne Weinbauern oder Weinkellereien waren, die zu neuen Ufern aufbrachen. Es war eine Bewegung, die die Genossenschaften ebenso erfaßt hatte wie kleine Eigenbau-Winzer. Und: Die Bewegung war nicht mehr aufzuhalten.

Deshalb ist nun der Zeitpunkt gekommen, die neue Generation der Südtiroler Weine einmal komplett vorzustellen. Dabei habe ich mich in diesem Weinguide bemüht, vor allem die positiven Ansätze zu beschreiben, damit Weinfreunde die Entwicklungen, die stattgefunden haben, selbst nachvollziehen können.

JENS PRIEWE

Steile Rebanlagen im Eisacktal

EINLEITUNG

■ **Südtirol – die Landschaft**
Südtirol ist die nördlichste Provinz Italiens. Sie liegt zwischen dem 46. und 47. Breitengrad inmitten einer spektakulären hochalpinen Naturlandschaft. Der Anblick schneebedeckter Berggipfel, hochgelegener Almen und reißender Gebirgsbäche läßt kaum ahnen, daß in Südtirol auch Weinbau betrieben wird. Zudem erwecken Sprache und Kultur manchmal den Eindruck, als würde Südtirol Österreich oder Deutschland näherstehen als Italien. Auch manche Rebsorte, die in Südtirol angebaut wird, ist bei seinen nördlichen Nachbarn verbreiteter als in Italien: Vernatsch, Gewürztraminer, Müller-Thurgau und Veltliner zum Beispiel.

Doch so wie Südtirol politisch eine autonome Provinz Italiens ist, so ist es weinbaulich ein eigenständiges Anbaugebiet. Klima und Böden sind unverwechselbar, Weinbautraditionen und Weinbaugeschichte ältesten Ursprungs. Die Pergel, jenes Rebenerziehungssystem, dessen schattige Laubengänge die Landschaft wie im 19. Jahrhundert aussehen lassen, hat nirgendwo in Europa so lange überlebt wie in Südtirol. Die Zersplitterung des Weinbergbesitzes, die starke Stellung der Genossenschaften und der großen Privatkellereien, die zwar zunehmende, aber noch immer wenig entwickelte Tendenz zur Erzeugung hochwertiger Weine im Eigenbau – all das zeigt, daß Südtirol seine eigene Weingeschichte hat, die es mit keiner anderen Region Italiens teilt und an der die Menschen in Südtirol bis auf den heutigen Tag festhalten.

■ **Geschrumpfte Rebfläche**
Maßgeblich geprägt wurde die Entwicklung des Landes durch seine Lage und seine geomorphologische Gestalt. Rund 86 % der Landesfläche liegen höher als 1000 Meter, nur 4 % unter 500 Meter. Auf diesen 4 % leben heute über 90 % der Bevölkerung Südtirols. Auch Industrie, Gewerbe und Verkehrseinrichtungen konzentrieren sich auf einer relativ kleinen Fläche. Sie liegt fast ausschließlich im

Etschtal, durch das der wohl bedeutendste Handelsweg zwischen Mittel- und Südeuropa verläuft.

Auch der Weinbau findet überwiegend im Etschtal statt – von kleineren Rebflächen im Eisacktal sowie im Vinschgau abgesehen. Seit 1919, als Südtirol von Österreich getrennt und Italien zugeschlagen wurde, ist die mit Reben bestockte Fläche allerdings um etwa 50 % geschrumpft. Ursache für diesen Rückgang war in erster Linie der Verlust des österreichischen Binnenmarktes, sind aber auch die grundlegenden Veränderungen des internationalen Weinmarktes. Zudem ist ein großer Teil der Weinbergfläche der expandierenden Urbanisation zum Opfer gefallen, vor allem dem Straßen- und Siedlungsbau.

Seit 1972 ist Südtirol eine autonome Provinz Italiens. Deutsch und Italienisch sind gleichberechtigte Amtssprachen. Rund ein Drittel der Landesbewohner ist italienischer, zwei Drittel sind deutschsprachiger Herkunft. In der Provinzhauptstadt Bozen ist es freilich umgekehrt: Dort sprechen 75 % der Einwohner als Muttersprache Italienisch, nur ein Viertel Deutsch. Im Grödner- und Fassatal lebt noch eine kleine ladinische Minorität mit eigener Sprache.

■ **Das Klima**
Südtirol liegt südlich des Alpenhauptkammes und befindet sich dadurch im Bereich warmen, mediterranen Wettereinflusses. Allerdings handelt es sich um eine spezielle alpine Variante. Das bedeutet: Je nach Höhe und Lage der Weinberge trägt das Klima in Südtirol stark kontinentale oder ozeanische Züge mit kühlen Temperaturen und hoher Luftfeuchtigkeit. Es gibt in Italien nur sehr wenige Weinanbaugebiete, die so stark schwankenden, teilweise lokalen Wettereinflüssen unterliegen wie Südtirol. Zunächst schützt der Alpenkamm das Land vor kalten, trockenen Winden aus dem Norden. Nach Süden hin ist das Etschtal jedoch offen für warme Winde vom Gardasee. Sie bringen aber auch Feuchtigkeit. Die Niederschlagsmengen sind daher im Süden höher als im Norden. Bozen verzeichnet 704 Millimeter Niederschlag im Jahr, Meran 696 Millimeter, das nördliche Brixen dagegen nur 665 Millimeter. Die Jahresdurchschnittstemperatur schwankt in der Regel zwischen 11 und 12°C. Sie nimmt mit zunehmender Höhenlage ab. In hochgelegenen Dörfern wie Girlan (350 Meter) oder Mazon (400 Meter) ist es verhältnismäßig frisch, während es im tiefgelegenen Salurn (210 Meter)

Weindorf St. Magdalena bei Bozen

sehr heiß werden kann. Dort findet sich denn auch eine typische mediterrane Flora mit Stechpalmen, Zypressen, Granatäpfeln, Lorbeer und Oleander.
Statistisch betrachtet, liegen die Temperaturen im langjährigen Jahresmittel etwas höher als im Burgund (10,5°C) und etwas niedriger als in Bordeaux (12,7°C). Das beweist: In Südtirol herrschen ideale klimatische Bedingungen für die Kultivierung von Reben. Allerdings ist das Klima übers Jahr weniger homogen als in den beiden französischen Anbaugebieten. Im Sommer kann die Temperatur während des Tages bis auf 38°C steigen, so daß die Säure in den Beeren frühzeitig abgebaut würde, wenn die Temperatur nachts nicht wieder stark absänke und so ein Teil des Zukkers in den Beeren veratmet würde. Die Säure bleibt dadurch erhalten. Diese Temperatursprünge kommen vor allem den Weißweinen zugute. Säure ist für deren Eleganz und die Finesse wichtig.
Auch die Niederschläge verteilen sich in Südtirol nicht gleichmäßig übers Jahr. Das Maximum liegt im Mai und im September, während im Sommer oft monatelange Trockenheit herrscht. Viele Reben leiden unter Wassermangel. Zudem fallen die

Klassisches Pergel-Erziehungssystem in einer Hanglage

Niederschläge in den Spitzenmonaten oft als Sturzregen, so daß der leichte Boden die Wassermassen gar nicht aufnehmen kann. Reben und Weinbau haben sich in Jahrhunderten an diese wechselhaften Klimabedingungen angepaßt. Das heißt: Die Mischung aus mediterranen und kontinentalen Einflüssen ist es, die die Besonderheit der Südtiroler Weine ausmacht und ihre Vielfalt ermöglicht hat.

■ **Die Böden**

So unterschiedlich wie das Klima ist auch die geologische Beschaffenheit Südtirols. Während in den Tallagen fruchtbare, wasserspeichernde, humushaltige Böden anzutreffen sind, besteht der Untergrund an den Talhängen aus Moränen, Schotterterrassen und Schuttkegeln, die durch Abtrag der hochalpinen Gesteinsmassen während der Gletscherschmelze gebildet worden sind.

Heute lassen sich in Südtirol mindestens drei Bodenformationen unterscheiden. Von Meran über Bozen bis Kaltern besteht der Untergrund überwiegend aus rotem Porphyr und Porphyrsandstein, der mit Lehm durchmischt ist. Porphyr gilt als schlechter Bodenbildner. Er verwittert nur schwer und weist wenig sandige Bestandteile auf. Die Niederschläge versickern schnell. Der Boden ist also trocken und humusarm. Die Rebe muß, um an Feuchtigkeit zu kommen, tief wurzeln. Der Bozner Porphyr ist zudem reich an Ton- und Kaliumbestandteilen. Das erklärt möglicherweise, weshalb viele Weine des Überetsch von Natur aus eine verhältnismäßig geringe Säure aufweisen. An den Talhängen zwischen Klausen und Brixen finden sich dagegen vor allem Urgesteinsböden aus Quarzphyllit. Er setzt sich aus Quarz und Glimmer zusammen, verwittert schnell und kann somit die Bodenfeuchtigkeit gut speichern. Freilich weist das Eisacktal die geringsten Niederschlagsmengen aller Weinbauzonen Südtirols auf. Außerdem besitzen die Böden nur sehr geringe Anteile an Eisen, Kalium und anderen mineralischen Nährstoffen, so daß den Reben auch dort nur ein schmales Nahrungsangebot zur Verfügung steht.

Im Unterland von Tramin bis Kurtatsch trifft man Kalk- und Dolomitgesteine an. Der Kalk wird zwar durch Verwitterung gelöst und bildet Humus, doch sind die Böden sehr warm, stark wasserdurchlässig und daher wenig fruchtbar.

Südlich von Kurtatsch findet sich sandhaltiger Mergel. Durch ihn wird die Feuchtigkeit zwar gehalten, durch die hohen Sommertemperaturen aber auch schneller wieder verdunstet. Nicht alle Südtiroler Böden sind für jede Rebsorte gleich gut geeignet. Aber alle Rebsorten werden von jedem Boden auf besondere Weise geprägt.

■ **Die Traubenlieferanten**

Weinbau ist für die meisten Südtiroler Winzer ein Erwerbszweig unter mehreren anderen. Der typische Südtiroler Weinbaubetrieb ist ein Mischbetrieb. Er betreibt Weinbau in Kombination mit Obstbau und Fremdenverkehr. Gelegentlich kommt noch Weidewirtschaft und Viehhaltung dazu. Entsprechend gering ist der individuelle Weinbergbesitz. Er beträgt durchschnittlich 0,9 Hektar pro Weinbauer. Wein zu keltern lohnt sich daher für die meisten Winzer nicht. Sie verkaufen ihre Trauben an eine der Genossenschaften oder zahlreichen privaten Handelskellereien. Die Lieferverträge existieren aber nur mündlich. Das Kaufversprechen wird per Handschlag besiegelt. »Kauf auf Ehre« sagt man dazu. Die Bezahlung der Weinbauern erfolgt in vier Raten. Die erste Rate ist am Martinstag fällig (11. November), die zweite zu Maria Lichtmeß (2. Februar), die dritte zu Georgi (15. April) und die vierte zu Jacobi (25. Juli). Erst mit ihr wird der endgültige Kaufpreis festgelegt. Er richtet sich nach der Entwicklung des Weinpreises. Steigt er, bekommt der Weinbauer einen Nachschlag. Sinkt er, gibt es nur eine reduzierte letzte Zahlung.

■ Genossenschaft, Privatkellerei, Eigenbau

Die Unterscheidung zwischen Eigenbauwinzern, Handels- oder Privatkellereien und Genossenschaften hat in Südtirol eine lange Tradition, auch wenn die Trennungslinien nicht immer ganz scharf sind. Eigenbauwinzer sind Weinbauern, die selbst keltern und abfüllen und dabei ausschließlich auf Trauben des Familienbesitzes zurückgreifen. Privatkellereien kaufen normalerweise ihre Trauben zu. Inzwischen aber gibt es kaum eine Privatkellerei, die nicht über einen mehr oder minder großen eigenen Rebenbesitz verfügt und insofern auch Eigenbau betreibt. Ihr Anteil an der Weinproduktion des Landes beträgt gut 30%.

Die ersten Genossenschaften wurden erst 1893 gegründet und stehen seitdem in Konkurrenz zu den Privatkellereien. Heute haben sie allerdings die stärkste Position unter den Weinproduzenten. Sie steuern rund 65% der Weinproduktion bei. Der größte Teil besteht naturgemäß aus Vernatsch. Doch haben sich fast alle Genossenschaftskellereien ein kleines Sortiment hochwertiger Spitzenweine aus anderen Sorten zugelegt. Daneben führen sie ein mittelgroßes Sortiment von Weinen in gehobener Qualität. Der Geruch von niveauloser Massenware und seelenloser Weinproduktion haftet ihnen jedenfalls nicht an. Im Gegenteil: Die Weine von Betrieben wie Schreckbichl, St. Michael-Eppan und Terlan waren die ersten, die die Weinkarten der feinsten Restaurants schmückten. Durch die Einrichtung von Qualitätszirkeln, durch die Einflußnahme auf Weinbau und Rebenpflege, vor allem aber durch die differenzierte Bezahlung unterschiedlicher Traubenqualitäten (neben dem Mostgewicht wird auch der Gesundheitszustand und die Herkunft der Trauben bezahlt) haben die Genossenschaften für die Umsetzung des Qualitätsgedankens in Südtirol mehr getan als die meisten Privatkellereien. Heute entzieht sich kaum eine Genossenschaft mehr der Forderung nach besserer Qualität. Vor allem gibt ihnen das große Rebflächenpotential, über das sie verfügen, die Möglichkeit, strenge Traubenselektionen vorzunehmen und so jedes Jahr mit Spitzenqualitäten aufzuwarten – ein großer Vorteil, über den Eigenbauwinzer nicht verfügen. Von ihnen kommen nur 4% des Südtiroler Weines.

■ Der »typische« Südtiroler Wein

Südtirol gehört zu den kleinen Weinanbaugebieten Italiens.

Weinbau in Meran

Nur etwa 5000 Hektar stehen unter Reben. Damit ist die gesamte Rebfläche des Landes gerade doppelt so groß wie die der kleinen französischen Weißwein-Appellation Chablis. Während in Chablis jedoch nur eine Sorte, Chardonnay, anzutreffen ist, wachsen in Südtirol etwa 25 verschiedene Sorten, und zwar rote wie weiße.

Die Weine werden meist sortenrein, also aus jeweils nur einer Sorte, gekeltert. Das heißt: Sie spiegeln in erster Linie das Aroma der Rebsorte wider.

Wenn es eine »Typik« gibt, die übergreifend für alle Südtiroler Weine gilt, dann liegt sie in der sauberen Primärfruchtigkeit der Weine. Die Primärfrucht reicht vom zarten Birnenaroma des Weißburgunders über den Veilchenduft und das Mandelaroma der Vernatsch-Weine bis zum johannisbeer- und brombeerfruchtigen Cabernet mit seinem leicht grasigen Unterton. Sie alle sind keine schweren Weine. Sie fallen weder durch erhöhten Alkoholgehalt noch durch besonderen Extraktreichtum auf. Es sind aber auch keine leichten Weine. Sie sind nur leicht zu trinken. Ihre Frucht ist animierend, und die Säure ist erfrischend. Ein Chronist der 60er Jahre hat sie als »heiter« beschrieben, weil sie so unkompliziert und unbeschwert genossen werden können. Der Ausdruck mag altmodisch klingen. Doch trifft er ein Grundmerkmal fast aller Weiß- und der meisten Rotweine. Sie kommen bereits im Jahr nach der Lese auf den Markt und werden in den ersten zwei bis drei Jahren getrunken, solange sie noch frisch und fruchtig sind. Einige hochwertige Rotweine halten sich auch länger, doch müssen sie – anders als bei großen Bordeaux-Weinen – nicht unbedingt mehrere Jahre ruhen, bis sie genußreif sind.

■ Neue Trends

In den letzten Jahren hat es einen Trend zu gehaltvolleren und damit reifebedürftigeren Weinen gegeben. Das bedeutet: Die Weißweine sind nicht mehr nur heiter, sondern auch kräftig und (in Maßen) körperreich. Einige Sorten, etwa Chardonnay, gelegentlich auch Pinot Grigio, reifen in kleinen Eichenholzfässern, die Barriques genannt werden und ihnen ein mehr oder minder nach süßer Vanille duftendes, leicht röstiges Aroma verleihen. Ein derartiger Ausbau des Weines ist, vor allem bei den Weißen, umstritten. Traditionelle Liebhaber des Südtiroler Weines bemängeln, daß die natürliche Fruchtigkeit des Weines durch den Holzton überdeckt wird. Manche fühlen sich gar an kalifornische Weine erinnert und sprechen von »internationalem Stil«. In Wirklichkeit sind die Barriques nicht dazu da, dem

Barriquefaßkeller

Wein einen Holzton zu verleihen. Wo das geschieht, versteht der Kellermeister sein Handwerk nicht. Ein gekonnter Barrique-Ausbau bedeutet, daß die Weine langlebig werden und mit mehr als nur fruchtigen Aromen aufwarten.

Mehr noch gilt der Trend für die Rotweine. Aus Cabernet, Merlot, Lagrein und Blauburgunder, den vier wichtigsten »dunkelroten« Sorten in Südtirol, werden heute durchweg kräftigere, muskulösere Weine als früher gekeltert. Zwar sind sie immer noch stark durch ihre Frucht geprägt, doch besitzen sie mehr Tannin und sind damit deutlich langlebiger als die Rotweine der Väter. Um in der metaphorischen Sprache zu bleiben: Es sind »ernstere« Weine, die mehr Tiefe, mehr Nuancen sowie einen größeren Geschmacksreichtum aufweisen.

Auffällig nimmt auch die Zahl der Cuvées zu, also derjenigen Weine, die nicht mehr aus einer, sondern aus mehreren, sich ergänzenden Sorten gekeltert werden. In diesem Fall kommt es dem Weinproduzenten nicht auf den Sortengeschmack an, sondern auf die Komposition: die Harmonie zwischen Körper, Alkohol, Tannin und Säure. Kaum einer dieser Spitzenweine wird nicht in Barriques ausgebaut. Das kleine Eichenfaß macht das Tannin weich und süß, gibt der Frucht Schliff und stabilisiert die Farbe, so daß die Weine sich auch nach fünf oder sieben Jahren noch in einer dunklen, rubinroten Robe präsentieren.

■ **Das Rebensortiment**

Südtirol besitzt ein breites Rebensortiment. Es umfaßt zwölf weiße und sieben rote Sorten, die zur Erzeugung von D.O.C.-Weinen, das heißt von kontrollierten Weinen, zugelassen sind. Tatsächlich kommt jedoch knapp die Hälfte des Südtiroler Weines von nur einer Rebsorte: der Vernatsch. Sie ist fast über das gesamte Anbaugebiet verbreitet und ergibt einen samtigen, hellroten Wein, den die Südtiroler selbst in großen Mengen konsumieren und der jahrzehntelang auch für die durchreisenden Touristen als der typische Südtiroler Wein galt. Er ist der klassische »Törggelwein« für die Einheimischen, den sie in mehr oder minder kleinen Schlucken rund um den Tag trinken. Je nach Herkunft kommt er als Kalterersee, St. Magdalener, Bozner Leiten, Meraner (Hügel) oder als Südtiroler (Edel-)Vernatsch bzw. als Grauvernatsch auf den Markt. Die Weißweine machen derzeit 37 %, die »dunklen« Rotweine 13 % der gesamten Rebfläche aus.

Die Anbaugebiete

Rund 84% der Weine, die aus Südtirol kommen, sind heute Qualitätsweine. Das heißt: Sie haben alle D.O.C.-Status (Denominazione di Origine Controllata). Durch den Rückgang der Weinbergfläche stehen die Reben – von wenigen Ausnahmen abgesehen – in Hanglagen zwischen 210 und 500 Meter Höhe. Vereinzelt ziehen sich die Weinberge sogar bis auf 1000 Meter hoch: vor allem im Vinschgau. Auf dem Talboden stehen die Reben nur noch um Bozen, wo die Lagrein-Rebe ihre besten Standorte hat, und im äußersten südlichen Zipfel bei Salurn, wo großflächig Chardonnay angebaut wird. Die Trauben werden größtenteils an die Sektindustrie verkauft.

Ansonsten hat der Weinbau im Tal dem Obstbau Platz gemacht. Die einzelnen D.O.C.-Zonen sind:

Südtiroler: Übergeordnete Ursprungsbezeichnung, die praktisch die gesamten Weinanbaugebiete Südtirols umfaßt (italienisch: Alto Adige). Alle gängigen Sorten können sich dieser D.O.C. bedienen, wenn die Produktionsvorschriften hinsichtlich Mischungsverhältnis, Alkoholgehalt, Höchsterträgen und Lagerung (für *Riserva*) eingehalten werden. Anteil an der Weinproduktion: 58%.

Südtiroler Eisacktaler: Das Anbaugebiet des Eisack-Tals (italienisch: Valle Isarco) beginnt östlich von Bozen und reicht über Brixen hinaus. Nur Weißweine der Sorten Silvaner, Ruländer, Gewürztraminer, Müller-Thurgau, Kerner, Riesling und Veltliner haben Anspruch auf die D.O.C. Einziger Rotwein: Klausner Laitacher (Vernatsch, Portugieser, Lagrein, Blauburgunder). Anteil an der Weinproduktion: 4,5%.

Südtiroler Vinschgauer: Jüngstes D.O.C.-Gebiet, das erst 1995 geschaffen wurde (italienisch: Valle Venosta). Es umfaßt den Vinschgau von Meran bis über Schlanders hinaus. Insgesamt sind aber erst 15 Hektar Weinberge ins Kataster eingeschrieben. Sorten: Neben Blauburgunder und Vernatsch sind fast alle gängigen Weißweinsorten erlaubt. Allerdings haben viele dieser Sorten (Chardonnay und Vernatsch) Mühe, die notwendigen Mostgewichte zu erreichen. Anteil an der Weinproduktion: 1%.

Kalterer(see): Viel zu große Ursprungsbezeichnung, die keineswegs nur das Gebiet um den Kalterer See umfaßt, sondern von Margreid im Süden bis nach Nals im Norden reicht und auch die östlich der Etsch liegenden

D.O.C. QUALITÄTSWEINE
AUS SÜDTIROL

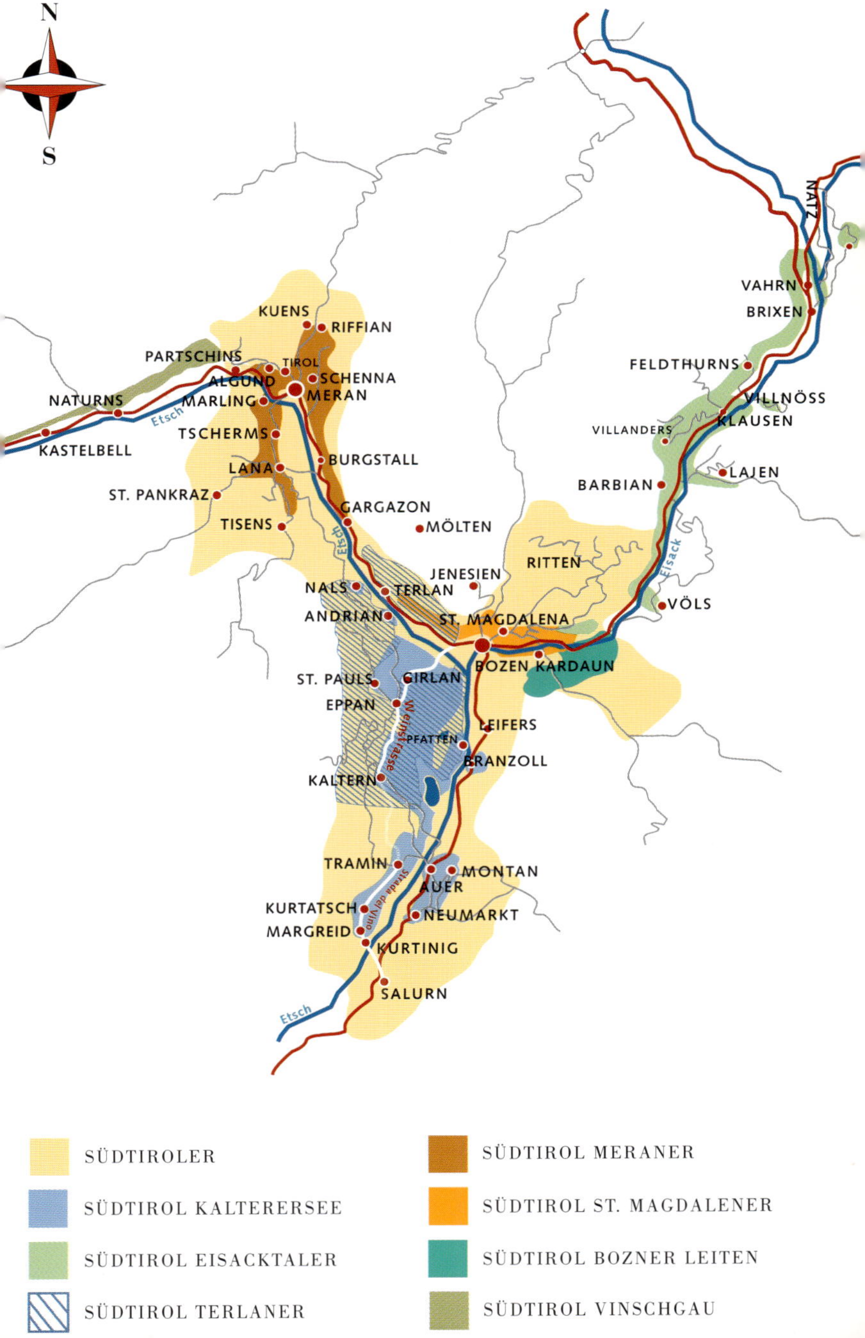

Gebiete um Auer, Neumarkt und Branzoll mit einschließt (italienisch: Lago di Caldaro). Sogar in fünf Gemeinden des Trentino darf noch Kalterersee produziert werden. Auf diese Weise kommen rund 1000 Hektar Rebfläche zusammen. Die unsinnige Ausweitung ist für den schlechten Ruf des Kalterersees mitverantwortlich. (Auch wenn in den letzten Jahren einige gute Kalterersee-Auslesen auf den Markt gekommen sind.) Er wird aus Vernatsch erzeugt. Ihm dürfen aber maximal 15% Lagrein oder Blauburgunder beigemengt werden. Die besten Kalterersee sind samtig-weich und mandeltönig. Anteil an der Weinproduktion: 22%.

Meraner (Hügel): Sammelbecken für alle Vernatsch-Weine, die in einem großen Umkreis um Meran wachsen einschließlich des Burggrafenamts (italienisch: Meranese di Collina). Sie sind leicht und säurebetont (200 Hektar). Anteil an der Weinproduktion: 4%.

Bozner Leiten: Kleines Ursprungsgebiet südöstlich von Bozen, in dem ein sehr fruchtiger Vernatsch wächst (italienisch: Colli di Bolzano). Der Anteil an der Weinproduktion ist gering: 20 Hektar oder 0,4%.

St. Magdalener: Relativ kleines Anbaugebiet an den Hängen und am Fuß des Ritten oberhalb von Bozen, in dem seit Jahrhunderten der Vernatsch im gemischten Satz mit Lagrein oder Blauburgunder angebaut wird (italienisch: Santa Maddalena).
Der St. Magdalener, insbesondere derjenige aus der klassischen Zone, ist der kräftigste, festeste und beste Vernatsch-Wein Südtirols.
300 Hektar umfaßt das Gebiet. Anteil an der Weinproduktion: 6%.

Terlaner: Die Ursprungsbezeichnung geht weit über Terlan hinaus (italienisch: Terlano). Sie umfaßt das gesamte Überetschgebiet mit Andrian, Eppan, Girlan und Kaltern. Insgesamt sind 150 Hektar ins Weinkataster eingeschrieben.
Terlaner sind ausschließlich Weißweine. Wenn keine Rebsorte auf dem Etikett angegeben ist, besteht der Wein zu mindestens 50% aus Weißburgunder oder Chardonnay. Für den Rest können Riesling, Welschriesling, Silvaner, Müller-Thurgau oder Sauvignon verwendet werden. Der Wein kann aber auch reinsortig aus nur einer dieser Sorten gekeltert sein. Der Anteil an der Weinproduktion ist relativ gering: Er macht 3% aus.

Südtiroler Traubensorten

■ **Weißweine**

Weißburgunder (Pinot Bianco)

Alte Sorte, die seit 1870 in Südtirol angebaut wird. Terlan und Girlan gelten als hervorragende Standorte. Häufigste weiße Traube. Anteil: 12%.

Chardonnay

Stark zunehmende Sorte, aus der im Überetsch meist frische, säurebetonte, im Unterland meist barriquegereifte Weine erzeugt werden. Anteil: 8,8%.

Ruländer (Pinot Grigio)

Schon im 19. Jahrhundert nach Südtirol importiert, ergibt sie dezent fruchtige, volle Weine. Auch Grauer Burgunder genannt. Anteil: 5,3%.

■ Weißweine

**Gewürztraminer
(Traminer Aromatico)**

Uralte Südtiroler Sorte (168 ha), die stoffige, nach getrockneten Blumen und exotischen Früchten duftende, alkoholreiche und langlebige Weine ergibt. Anteil: 3,3 %.

Müller-Thurgau

Kreuzung von Riesling und Gutedel. Fast nur in den hohen Lagen des Eisacktals und des Vinschgaus angebaut. Ergibt leichte, dezent würzige Weine. Anteil: 3 %.

Silvaner

Fast nur im Eisacktal angebaute Sorte (92 ha), die frische, anfänglich neutral schmeckende, mit der Zeit stoffig-fruchtige Weine ergibt. Anteil: 2 %.

Sauvignon

Seit mehr als 100 Jahren in Terlan und Umgebung angebaut (80 ha). Ergibt holunderduftige, bissige Weine mit kräftiger Säure. Anteil: 1,6 %.

■ Weißweine

Riesling

Insgesamt leicht rückläufige Sorte, die noch 44 ha bedeckt. Im kühlen Vinschgau und Eisacktal auf dem Vormarsch. Anteil: 1 %.

Goldmuskateller (Moscato Giallo)

Nur zur Süßweinproduktion verwendet, ergibt sie als Spätlese oder Passito-Wein ausgezeichnete Qualitäten (29 ha). Anteil: < 1 %.

Veltliner

Als Roter und Grüner Veltliner ausschließlich im Eisacktal angebaute Sorte (11 ha), die einfache, mäßig fruchtige Weine ergibt. Anteil: < 1 %.

DIE WEINE VON SÜDTIROL

■ Rotweine

Vernatsch (Schiava)

Relativ spät reifende, hellrote Sorte, die je nach Lage schlichte bis sehr delikate Weine hervorbringt (2 360 ha). In vielen Spielarten vorhanden. Anteil: 47 %.

Blauburgunder (Pinot Nero)

Hochklassige, schon seit fast 150 Jahren in Südtirol beheimatete Sorte, die vor allem in (und um) Mazon, in Girlan und im Vinschgau gute Qualitäten bringt (556 ha). Anteil: 11 %.

Lagrein

Alte Sorte, die als Lagrein Dunkel eine Renaissance erlebt. Die Kretzer-Produktion geht dagegen zurück. Rebfläche: 255 ha. Anteil: 5,1 %.

Merlot

Stark auf dem Vormarsch befindliche Sorte, die in Südtirol relativ sicher ausreift. Siebeneich bei Bozen und das Unterland sind gute Standorte. Anteil: 1,6 %.

Rotweine

Cabernet franc

Traditioneller Cabernet Südtirols, früher der grasige Carmenère-Klon, heute hochwertigere Klone. In den 53 ha steht jedoch auch Cabernet Sauvignon. Anteil: 1 %.

Cabernet Sauvignon

Ergibt beste Qualitäten, reift aber nicht in jedem Jahr in Südtirol aus. Und wenn, dann nur in den wärmsten Lagen. Rebfläche: 49 ha. Anteil: 1 %.

Rosenmuskateller (Moscato Rosa)

Ertragsarme, im 19. Jahrhundert aus Sizilien eingeführte Sorte, die hochfeine, botrytisfreie, rosenduftige Süßweine ergibt. Rebfläche: 9 ha. Anteil: < 1 %.

■ Großzügige D.O.C.-Bestimmungen

Die D.O.C.-Bestimmungen garantieren nicht nur die Herkunft der Weine und legen die genaue Traubenzusammensetzung fest. Sie regeln auch qualitative Mindestanforderungen wie den minimalen Alkoholgehalt und die maximalen Traubenmengen, die von jeder Sorte pro Hektar geerntet werden dürfen. Letztere sind zum Beispiel recht großzügig bemessen. Wer sie ausschöpft, hat keine Chance, Spitzenweine zu erzeugen.

Bei den Südtiroler und Eisacktaler D.O.C.-Weißweinen liegen die Maximalerträge meist bei 130 Doppelzentner pro Hektar. Lediglich im Vinschgau liegen sie niedriger: zwischen 90 (Gewürztraminer) und 120 Doppelzentner (Müller-Thurgau). Für Cabernet, Merlot und Blauburgunder dürfen 110, für Blauburgunder 120, für Merlot 130 und für Lagrein sogar 140 Doppelzentner produziert werden. Auch der ertragsstarke Vernatsch darf 140 Doppelzentner bringen. Nur die Winzer von St. Magdalena haben ihre Erträge auf 125 Doppelzentner begrenzt.

■ Die Pergel und der Vernatsch

Die D.O.C.-Statuten für Südtiroler Weine wurden 1963 erlassen. Bis dahin wurden sehr viel größere Traubenmengen produziert: teilweise über 200 Doppelzentner pro Hektar. In den 50er und 60er Jahren war Südtirol ein Massenweinland, und noch in den 70er Jahren kostete ein Liter Vernatsch weniger als ein Liter sizilianischer Rotwein. Die Massenproduktion wäre ohne das typische Südtiroler Rebenerziehungssystem, die Pergel, nicht möglich gewesen. Sie war und ist noch immer die am weitesten verbreitete Rankhilfe. Nur im Eisacktal und im Vinschgau werden andere Erziehungssysteme verwendet.

Die Pergel besteht aus galgenartigen Holzgerüsten, an denen die Rebe in die Höhe rankt. Ihre Blätter bilden ein mannshohes Laubdach, unter dem die Trauben im Halbschatten hängen. Normalerweise brauchen Trauben Sonne. Die Südtiroler Weinbauern sind jedoch der Meinung, daß sie »leiden« und »verbrennen«, wenn sie voll der sommerlichen Hitze ausgesetzt wären.

Der Hauptgrund dafür, daß die Weinbauern von der Pergel nicht lassen wollen, liegt eher in dem Umstand begründet, daß diese der von Natur aus reich tragenden Vernatsch-Rebe entgegenkommt, indem dieses Erziehungssystem es erlaubt, gleich mehrere Fruchtruten aufzubinden. Auf diese Weise kann die Rebe mehr Trauben produzie-

Lagrein-Reben bei Kloster Muri-Gries in Bozen

ren. Die Pergel ist denn auch vor allem für den Vernatsch erfunden worden. Andere Sorten wie Gewürztraminer, Weißburgunder und Cabernet wurden zumindest im 19. Jahrhundert an Pfählen oder Niedrigdrähten gezogen, wie Edmund Mach berichtet, der beste Chronist des Weinbaus jener Zeit.

Erst mit Beginn der Massenproduktion in diesem Jahrhundert wurden auch die hochwertigen Sorten auf die Pergel gezogen. Seitdem sich die Südtiroler Winzer nun wieder mehr auf Qualität besinnen, werden bei der Neuanlage von Weinbergen mit diesen hochwertigen Sorten allerdings ausschließlich Drahtrahmen verwendet. Auch der Lagrein, von dem es jahrzehntelang hieß, er würde auf Pergel bessere Qualitäten bringen, rankt zunehmend an Drähten. Der Vernatsch bleibt allerdings an der Pergel.

■ **Vernatsch früher und heute**

Der Vernatsch (italienisch: Schiava) ist die wichtigste einheimische Sorte. Sie bedeckt heute ungefähr die Hälfte der Rebfläche. Wahrscheinlich existiert sie schon seit über 1000 Jahren in Südtirol. Bereits 1220 wird der »Vinum de Caldario« urkundlich erwähnt – auch wenn damit nicht sicher ist, ob der Kalterer Wein damals schon aus Vernatsch gewonnen wurde. In mittelalterlichen Schriftstücken ist aber bereits von einem Wein namens »Farnatzer« die Rede.

Hinter dem Ausdruck verbirgt sich wahrscheinlich der Vernatsch. Sicher ist, daß im 16. Jahrhundert, als die Rebfläche im Etschtal doppelt so groß wie heute war, ein nicht geringer Teil des Weines aus Vernatsch bestand – wahrscheinlich der größte. Er verdrängte damals den ertragsunsicheren Gewürztraminer.

Die italienische Bezeichnung Schiava bedeutet nicht, daß der Vernatsch »slawischen« Ursprungs ist, wie in der englischsprachigen Weinliteratur vermutet wird. Vielmehr ist die Tatsache, daß die schwäbische Trollinger-Traube zur Vernatsch-Familie gehört, ein Indiz dafür, daß die Vernatsch ein autochthones Südtiroler Gewächs ist. Der Name Trollinger bedeutet nämlich nichts anderes als »Tirollinger«: die aus Tirol stammende Traube.

Heute sind rund 95% der Vernatsch-Fläche in Südtirol mit dem Großvernatsch bestockt. Er wird auch Edelvernatsch genannt, obwohl er die unedelste aller Vernatsch-Spielarten ist. Er hat große Trauben mit vielen dicken, fleischigen Beeren und einer dünnen Haut. Das heißt: Die Beeren enthalten viel Saft und wenig Farbstoffe, Tannine und Geschmacksstoffe. In den 50er Jahren, als fast nur Masse produziert wurde, pflanzten die Weinbauern nahezu ausschließlich diese Vernatsch-Sorte, weil sie die größten Erträge bringt.

Um die Jahrhundertwende war der Südtiroler Weinbau wesentlich qualitätsbewußter. Edmund Mach, ehemaliger Leiter der Weinbauschule in St. Michele, erwähnt in seiner Schrift »Der Weinbau und die Weine Deutschtirols« aus dem Jahre 1894, daß »die besten Weine vom Kleinvernatsch (Mittervernatsch) kommen« (Schiava gentile), der heute kaum noch existiert. Auch vom Tschaggelevernatsch (Kugelvernatsch) sind nur wenig mehr als einzelne Rebstöcke vorhanden. Außerdem wurde ein guter Vernatsch-Wein immer im gemischten Satz mit anderen Rebsorten gekeltert, die bereits im Weinberg zwischen die Vernatsch-Reben gepflanzt wurden: Lagrein, Blauburgunder, Geschlafene (Rossara) und Edelschwarze (Negrara). Diese Komplementärsorten machten die Weine vielschichtiger und interessanter. Heute wird höchstens noch Lagrein zugefügt, um dem Wein etwas mehr Farbe zu geben.

Einzig mit Grauvernatsch sind in Südtirol heute noch gut 50 Hektar bestockt. Der Grauvernatsch ist zwar sehr wüchsig, doch sind seine Beeren locker um den Stiel angeordnet, so daß die Erträge geringer als beim

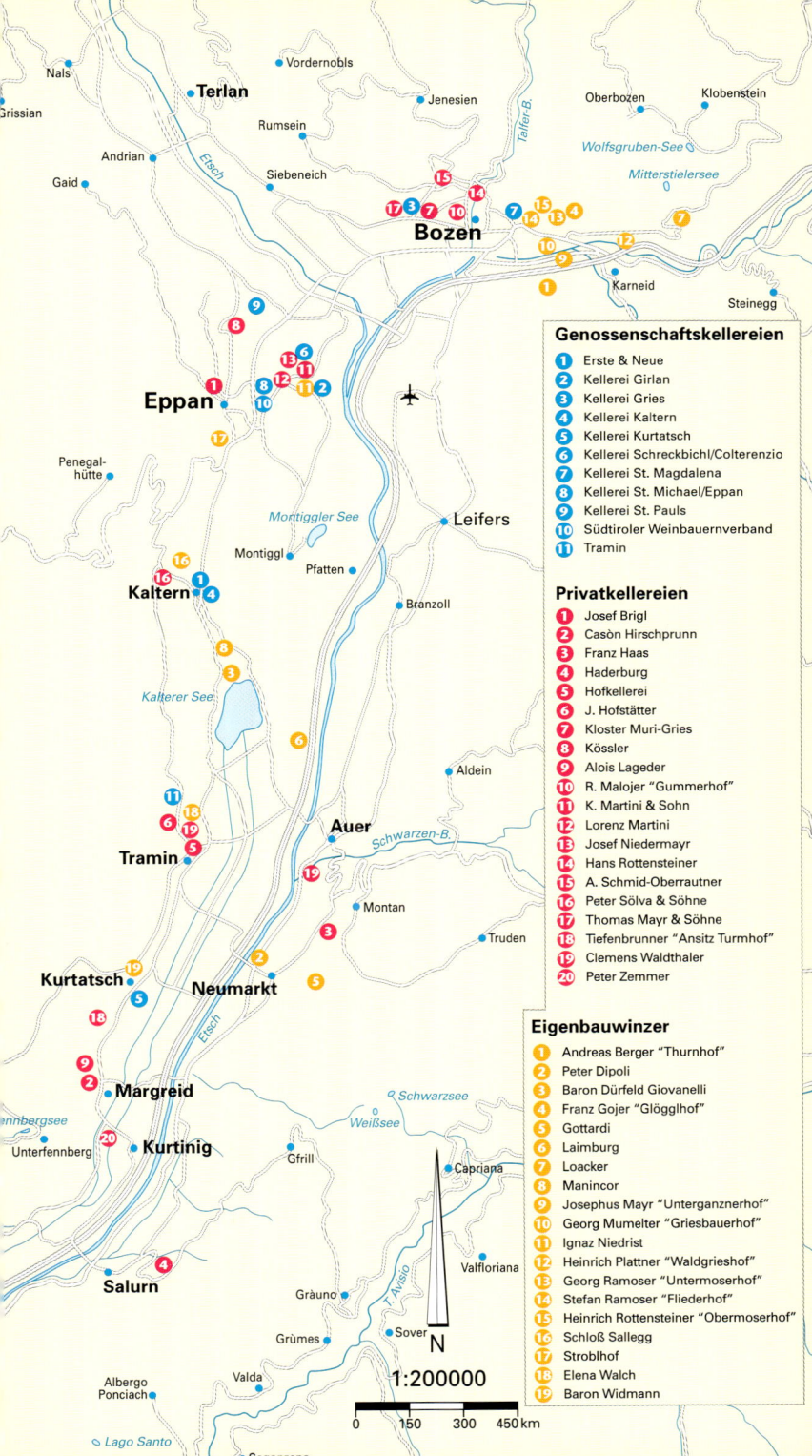

Großvernatsch sind. Entsprechend besser sollte die Qualität des Weines sein.

■ Lagrein – der neue Rotweinstolz

Die zweite autochthone Sorte Südtirols ist der Lagrein. Er ist wahrscheinlich noch wesentlich älter als der Vernatsch. Der deutsche Kaiser Karl IV. spricht in seiner Weinordnung aus dem Jahre 1370 von einem »Lagreiner« als dem besten aller »Poczner« – also aller »Bozner« Weine. Wahrscheinlich ist der Lagrein jedoch wesentlich früher im Etschtal angebaut worden.

Neuere Untersuchungen haben herausgefunden, daß er mit dem Teroldego verwandt ist, der im Trentino einen ähnlich dunkelfarbenen Wein ergibt. Der Teroldego besitzt wiederum eine genetische Nähe zur Syrah.

Auf den allerersten Blick mag die oft etwas »wilde« Art des Lagreins entfernt an einen Syrah erinnern. Ansonsten dominieren jedoch die Unterschiede: die kirschige Frucht, das weiche, samtene Tannin, die spürbare Säure.

Der Lagrein führte lange Jahre ein Schattendasein, weil er während der Zeit des Leichtweinkonsums kaum gefragt war. Der größte Teil des Lagreins wurde bis weit in die 80er Jahre hinein als Kretzer vermarktet, wie die Südtiroler ihre Rosé-Weine nennen. Der kleine Teil, der ganz normal auf der Maische vergoren wurde, diente vor allem als Verschnittwein für den Vernatsch oder für andere hellfarbene Weine. Traute sich eine Kellerei, einen solchen Wein auf die Flasche zu füllen, schrieb sie – wie zur Warnung – Lagrein »Dunkel« darauf. Dieser Brauch hat sich bis heute gehalten, obwohl der Lagrein, wenn er kein Kretzer ist, nur ein Lagrein »Dunkel« sein kann. Den »Bauernkretzer«, der nach drei Tagen von der Maische abgezogen wird, gibt es heute praktisch nicht mehr.

Das Hauptanbaugebiet des Lagreins liegt in Gries, einem ehemaligen Luftkurort für Lungenkranke, der 1925 nach Bozen eingemeindet wurde. Auf den sandigen, stark kieshaltigen, gut drainierten und zugleich sehr warmen Böden findet die Sorte hervorragende Wuchsvoraussetzungen. Da die Stadt Bozen sich aber immer weiter ausdehnt, kann die Rebfläche nicht wachsen, zumal die Bodenpreise explodieren (eine Million Lire pro Quadratmeter). Derzeit sind nur noch 150 Hektar mit Lagrein bestockt.

Der Grieser gilt als der weichste aller Lagrein-Weine. Doch wäre es ein Irrtum zu glauben, nur in Gries würde die Sorte Spitzen-

qualitäten ergeben. Mindestens ebenso gut ist der Lagrein aus Maretsch, das zu Bozen-Dorf gehört. Und die ersten Jahrgänge aus den Neuanlagen in den benachbarten Gemeinden Moritzing, im Talfer-Tal und in Rentsch beweisen, daß der Lagrein dort eine ähnliche Tiefe und Vielschichtigkeit aufweist wie in Gries.

Größere Lagrein-Flächen finden sich noch bei Auer, Neumarkt und Kurtatsch. Dort wachsen wuchtige Lagrein, die im Tannin etwas rauher sind als die Grieser Gewächse. Mit Lagrein aus Hanglagen bei Kaltern und Kurtatsch liegen noch wenig Erfahrungen vor.

Traditionell wächst der Lagrein noch auf Pergel und produziert dabei die bekannt hohen Erträge. Die neuen Weinberge sind jedoch im Dichtstand angelegt und mit Drahtrahmen bestückt. Die ersten Erfahrungen zeigen, daß dieses System mit den entsprechend niedrigeren Erträgen bessere Qualitäten bringt. Allerdings hängt die Qualität auch von der Klonenwahl ab. Der hochgelobte, aber seltene »kurzstielige« Lagrein entwickelt nur auf Pergel, wo er sich auswachsen kann, kleinere Beeren und damit bessere Qualitäten. Am Drahtrahmen ist der langstielige Lagrein genauso gut wie der kurzstielige.

■ **Gewürztraminer**

Die dritte heimische Sorte ist der Gewürztraminer. Sein Ursprung wurde in die Hügel um das Dorf Tramin verlegt, wenngleich er schon zu römischen Zeiten am oberen Rhein und in der Pfalz kultiviert wurde. Im 15. Jahrhundert war er mit großer Wahrscheinlichkeit die am häufigsten angebaute Sorte Südtirols. Danach verdrängte ihn langsam der Vernatsch. Wahrscheinlich war es der Weiße Traminer, der in den Weinbergen stand, während heute vor allem die im 19. Jahrhundert entstandene Mutante des Roten Traminers angebaut wird, für die sich die Bezeichnung Gewürztraminer eingebürgert hat. Allerdings ist die Sorte bei den Südtiroler Weinbauern bis heute nicht sonderlich populär. Nur wenige bemühen sich, ihrer Eigenart Rechnung zu tragen und besondere Weine aus ihr zu erzeugen. Diese sind dafür von sehr guter, wenn nicht herausragender Art. Es sind körperreiche, stoffige Weine. Sie verströmen einen tiefen Rosenduft, haben das Aroma von exotischen Lycheefrüchten oder von getrockneten Feigen. Da italienische D.O.C.-Weine (von genau definierten Ausnahmen abgesehen) trocken sein müssen, durfte der Gewürztraminer bislang die übliche Restsüßegrenze von 4 Gramm nicht

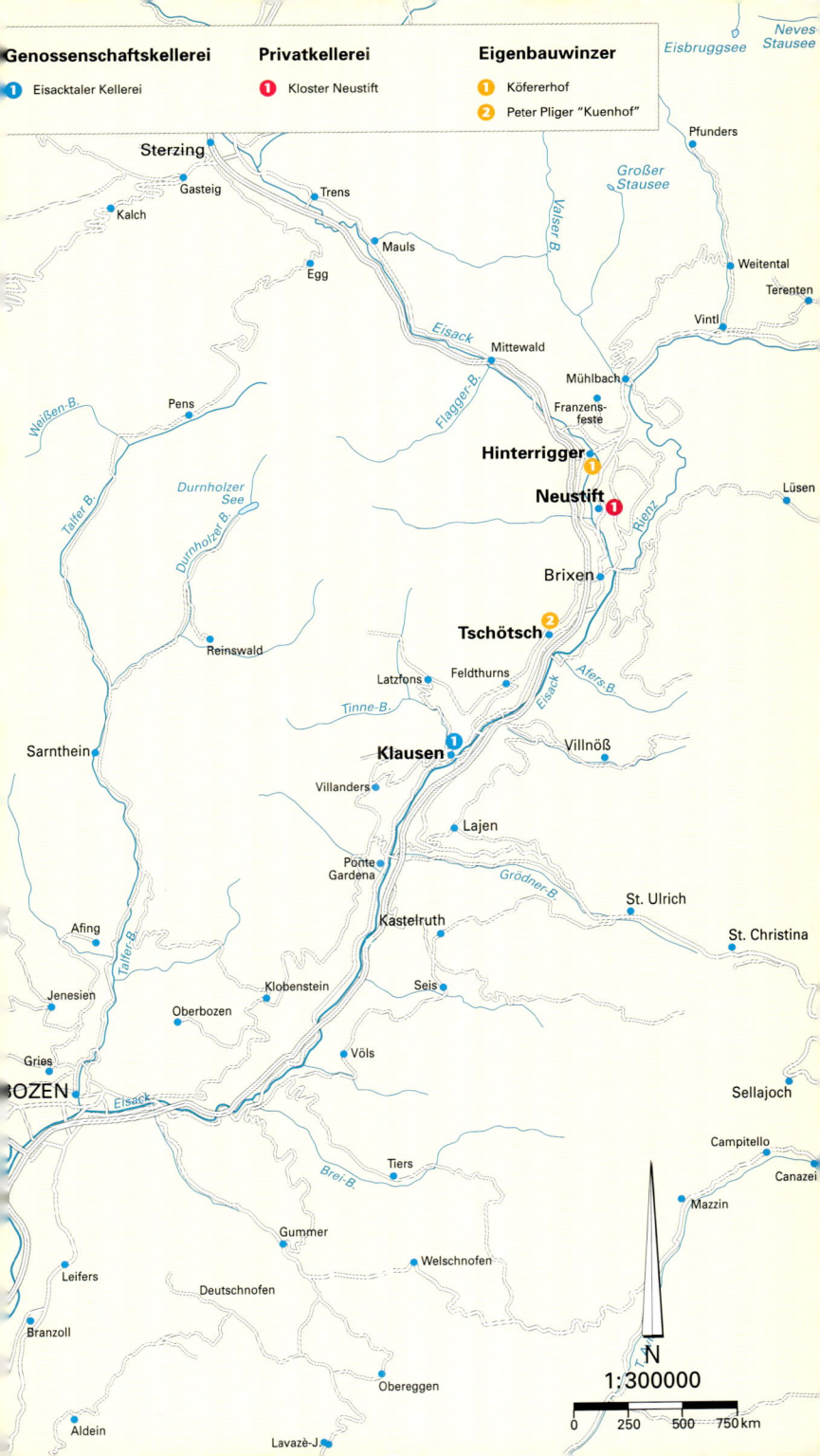

überschreiten. Das heißt, er wurde mehr oder minder trocken ausgebaut. In der trockenen Version kann er jedoch im Abgang leicht brandig und bitter schmecken. Denn sein Alkoholgehalt liegt selten unter 13 Vol.%, gelegentlich sogar über 14 Vol.%. Mit der Lese des Jahres 1999 wurde erstmals eine Bestimmung wirksam, derzufolge er bis 8 Gramm Restzucker aufweisen darf.

In dieser leicht restsüßen Version besitzt der Südtiroler Gewürztraminer Qualitäten, wie sie weltweit nur ganz wenige Weine dieser Sorte aufweisen. Allerdings entwickelt er diese Qualitäten erst nach fünf oder sechs Jahren. Derzeit wird versucht, auch edelsüße Gewürztraminer aus spät gelesenen Trauben oder getrockneten Beeren (Passito-Weine) zu erzeugen. Die klimatischen Bedingungen sind in Südtirol jedoch nicht so günstig wie im Elsaß.

■ Blick in die Zukunft

Das Dilemma des Südtiroler Weinbaus heißt Vernatsch. Zwar ist der Anteil der Sorte, die noch um 1970 fast 80% der Rebfläche bedeckte, heute auf 50% geschrumpft. Doch ist der Vernatsch in Südtirol noch immer stark überrepräsentiert. Die Nachfrage nach Vernatsch-Weinen ist nämlich weiter rückläufig. Auch beste Kalterersee-Auslesen finden oftmals nur schwer Käufer, von den anderen, schlicht biederen Vernatsch-Weinen ganz zu schweigen. Gleichzeitig steigt das Interesse an »dunklen« Rotweinen dramatisch an. Wo immer möglich, pflanzen die Weinbauern deshalb Cabernet, Merlot, Lagrein und Blauburgunder, die vier wichtigsten »dunklen« Sorten Südtirols. Daß diese an geeigneten Standorten teilweise hochklassige Weine ergeben, wie sie nicht überall in Italien, wo rote Reben angebaut werden, erzeugt werden können, ist eine der positivsten Erfahrungen, die Südtiroler Weinbauern in den letzten zehn Jahren machen konnten – und das, obwohl die Reben teilweise noch auf der Pergel wachsen. Das bedeutet: Von seinen natürlichen Voraussetzungen ist Südtirol ein interessanteres Anbaugebiet, als der augenblickliche Zustand des Weines widerspiegelt. Ein Blick auf den Rebenspiegel zeigt das Mißverhältnis. Während mit Vernatsch noch knapp 2400 Hektar bestockt sind, entfallen auf den Merlot gerade 78 Hektar, auf Cabernet Sauvignon und Cabernet franc gut 100 Hektar.

Südtirol steht also erst am Anfang einer neuen Weinzeit, die noch sehr viel nachhaltigere, für Traditionalisten teilweise auch schmerzhafte Veränderungen mit sich bringen wird.

EINLEITUNG

■ **Ein Wort zu den Preisen**

Mit der Qualität sind auch die Preise für Südtiroler Wein gestiegen. Die weißen Rebsortenweine in Basisqualität (klassische Linie) können aber immer noch als preiswert gelten im Vergleich zum Friaul. Sie liegen in der Regel zwischen 8000 und 11000 Lire ab Weingut (Stand: Sommer 1999). Die mittleren Qualitäten, also die Lagen- oder Höfeweine, beginnen bei 14000 und steigen bis auf 16000 Lire. Barrique-gereifte Spitzenqualitäten liegen deutlich über 20000 Lire. Bei den Rotweinen macht sich die Knappheit bemerkbar. Sie beginnen normalerweise bei 12000 Lire, gehen aber schnell auf 18000 Lire für bessere Lagrein und auf über 20000 Lire für gehobene Cabernets und Merlots. Die Spitzengewächse kosten, je nach Qualität des Weines und Renommees der Kellerei, von 25000 bis über 50000 Lire pro Flasche. Doch nicht der Preis ist das Problem, sondern die geringe Verfügbarkeit dieser Weine. Anders gestaltet sich die Preisentwicklung bei den Vernatsch-Weinen. Einfache Qualitäten des Kalterer oder Meraner in der 0,75-l-Flasche sind schon für 6500 Lire zu haben, St. Magdalener geht bis 10000 Lire.

Kalterersee mit Schloß Ringberg und Ruine Leuchtenburg im Hintergrund

Genossenschafts-
kellereien

GENOSSENSCHAFTSKELLEREIEN

ANDRIANER KELLEREI

Kirchweg 2, 39010 Andrian; Tel. 0471/510137, Fax 0471/510227
E-Mail: info@andrianer-kellerei.it, Internet: www.andrianer-kellerei.it

Die Andrianer Genossen liefern seit Jahren feine, ehrliche Qualitäten ohne laute Posaunentöne. Was den Genossen noch fehlt, ist der Mut zum ganz großen Wurf.

■ **Die Spitzenweine**

»Tor di Lupo«-Linie mit Chardonnay, Terlaner Sauvignon »Preciosa«, Lagrein, Merlot.

■ **Der Selektionswein**

Vernatsch »St. Justina«.

■ **Die Standardweine**

Terlaner Weißburgunder, Terlaner Welschriesling, Terlaner Sauvignon, Blatterle, Chardonnay, Müller-Thurgau, Ruländer, Gewürztraminer, Goldmuskateller, Kalterersee Auslese, Grauvernatsch, St. Magdalener, Lagrein Kretzer, Lagrein, Merlot, Cabernet, Blauburgunder.

Mitglieder: 144
Rebfläche: 142 ha
Gesamtproduktion: 10 000 hl
davon 0,75-l-Flaschen: 450 000
Vernatsch-Anteil: 40 %

■ **Biolandweine**

Chardonnay, Pinot Grigio, Vernatsch, Lagrein.

■ **Spezialität**

Blatterle: blumiger, frischer Weißwein mit feinem Muskataroma aus der mittlerweile fast ausgestorbenen gleichnamigen Rebsorte.

■ **Bewertung**

Von auffällig guter Qualität sind die Standardweine, die davon profitieren, daß Spitzenweine nur in relativ geringen Mengen produziert werden (2%) und somit hochwertiges Lesegut für die Basisqualitäten erhalten bleibt. Bei den »Tor di Lupo«-Weinen wechseln oftmals Licht und Schatten.

■ **Die Kellerei**

Andrian ist die älteste Kellereigenossenschaft Südtirols. Sie wurde 1893 mit österreichischer Starthilfe gegründet. Weißweine machen fast 50% der Produktion aus. Seit den verheerenden Hagelschäden von 1982 und 1983 bekommen die Andrianer, wie die Genossen genannt werden, über die Hälfte ihrer Trauben aus dem Unterland: Kaltern, Tramin, Montan. Dennoch schrumpfen die Rebflächen der Genossenschaft. Konrad Mathà, der als Obmann seit langem für die Geschicke der Andrianer verantwortlich ist, hat andere Ziele als pure Größe. Er möchte lieber qualitativ wachsen. Deshalb hat er die »Tor di Lupo«-Linie geschaffen und die Genossenschaft zum größten Biowein-Produzenten Südtirols gemacht.

■ **Die Standardweine**

Der wichtigste Wein der Andrianer ist der Terlaner Weißburgunder, der mit seiner reifen, hefefrischen Art zu den gelungensten Exemplaren dieser Sorte in Südtirol gehört. Auch der Welsch-

riesling, der schon seit der Gründung im letzten Jahrhundert angebaut wird, besticht durch seine Stoffigkeit und Würze. Der Chardonnay fällt in den kühlen Andrianer Hügellagen dagegen recht säurebetont und blumig aus. Er wird ausschließlich im Edelstahltank ausgebaut. Gewürztraminer, Blauburgunder, Cabernet und Grauvernatsch ragen nicht allzuweit aus dem Südtiroler Weinsee heraus – auch nicht der Vernatsch »St. Justina«, obwohl Mathà die Lage oberhalb von St. Pauls für »die vielleicht beste Vernatsch-Lage Südtirols« hält.

■ »Tor di Lupo«

»Tor di Lupo« lautet die italienische Übersetzung für Turm des Wolfes. Wolfsthurm ist denn auch der Name einer historischen Villa oberhalb von Andrian. Mathà hat – gegen den Widerstand der deutschsprechenden Dorfbevölkerung – den Namen italienisiert, um ihn als Marke für seine Selektionsweine zu verwenden. Schließlich, so seine Überlegung, werden die Weine teilweise stark nach Italien verkauft. Die Bezeichnung »Tor di Lupo« steht seitdem für die besten Andrianer Gewächse: Selektionsweine, die aus Rebbergen mit geringen Erträgen kommen und in kleinen Fässern aus französischer Vogeseneiche ausgebaut werden. Freilich vermögen sie nicht alle gleichmäßig zu überzeugen. Der Terlaner Sauvignon »Preciosa« mit seinem markanten, schotigen Stachelbeeraroma überstrahlt alle anderen Weine. Der im kleinen Holz-

faß vergorene Chardonnay macht dagegen einen etwas unentschlossenen Eindruck: zu fruchtbetont das Aroma, zu rassig die Säure, um mit dem weichen, süßen Holz der Eiche zu harmonieren. Der Wein wirkt gespalten. Von dem Merlot (aus den warmen, tiefgelegenen Weingärten des Steuerhofs bei Siebeneich), der erst ab Jahrgang 1995 zur »Tor di Lupo«-Linie gekommen ist, geht dagegen Glanz aus. Der dunkle, bittersüße Lagrein (aus Gries) wirkt trotz guter Konzentration etwas bäuerlich und reicht nicht an die großen Lagrein-Spitzen Südtirols heran. Dazu brauchte er mehr Reife, mehr Üppigkeit.

■ Bioweine

Ein kleiner Teil der Andrianer Weine, genau 30 000 Flaschen, werden nach den strengen »Bioland«-Richtlinien angebaut und vinifiziert. Vier Weinbauern-Genossen haben sich vor einigen Jahren für dieses Experiment entschieden. Seitdem gibt es Vernatsch, Lagrein, Chardonnay und Pinot Grigio in der Ökoversion. Qualitativ liegen sie auf demselben Niveau wie die Standardweine. Der einzige Unterschied: Sie lassen sich nur ins Ausland verkaufen. In Italien existiert kein Markt für solche Weine.

GENOSSENSCHAFTSKELLEREIEN

BURGGRÄFLER KELLEREI

Gampenstr. 64, 39020 Marling
Tel. 0473/447137, Fax 0473/445216

Eine Genossenschaft von vielen Klein- und Kleinstproduzenten, die sich noch schwertun, von Pergel und Vernatsch Abschied zu nehmen. Doch die Weichen stehen auch im Burggrafenamt unwiderruflich auf Wandel.

■ Die Spitzenweine

Die Weine der »MerVin«-Linie: Blauburgunder »Tiefenthaler«, Lagrein Cabernet.

■ Die Standardweine

Weißburgunder, Weißburgunder »Guggenberg«, Chardonnay »Brandis«, Chardonnay »Tiefenthaler«, Gewürztraminer, Goldmuskateller »Schickenburg«, Lagrein Kretzer »Brandis«, Blauburgunder, Lagrein, Merlot-Cabernet, St. Magdalener sowie verschiedene Vernatsch-Lagen wie »Küchelberg«, »Schloß Lebenberg«, »Algunder Rosengarten«, »Schickenburg«.

Mitglieder: 210
Rebfläche: 120 ha
Gesamtproduktion: 8 500 hl
davon 0,75-l-Flaschen: 480 000
Vernatsch-Anteil: 65 %

■ Spezialität

MerVin Süß: ein hochfeiner edelsüßer Wein aus spätgelesenen Weißburgunder-Trauben, der zu den besten Süßweinen Südtirols zählt.

■ **Bewertung**

Seit 1995 ist ein auffälliger Qualitätssprung zu erkennen. Die Weine der Spitzenlinie »MerVin« stehen dem Niveau der besten Südtiroler Genossenschaften nur wenig nach – auch wenn es erst drei sind. Und einige Weine des Standardsortiments sind ebenfalls von bemerkenswert guter Qualität.

■ **Der Betrieb**

Die Kellereigenossenschaft Marling ist schon 1901 gegründet worden und gehört zu den ältesten ihrer Art in Südtirol. Im Jahre 1984 fusionierte sie mit der Kellerei Algund. Seit dem Zusammenschluß nennt sie sich Burggräfler Kellerei und zählt zu den mittelgroßen Südtiroler Genossenschaften. Sie verarbeitet vorwiegend Trauben von Kleinstproduzenten aus Lana, Tscherms, Marling, Algund, Meran, Dorf Tirol, Riffian, Kuens und Schenna. Auf der Suche nach guten Lagen hat man in den letzten Jahren auch Mitglieder aus dem klimatisch begünstigten Unterland geworben, insbesondere aus Kurtatsch, Pinzon und Mazon. Dadurch konnte das Niveau der Weine entscheidend verbessert werden. Lange Zeit hatte die Burggräfler Genossenschaft nämlich den Eindruck erweckt, als würde sie die Entwicklung weg vom Vernatsch und hin zu höheren Qualitäten in der 0,75-l-Flasche verschlafen.

■ **Überzeugender Kellermeister**

Kellermeister Hansjörg Donà hält seine Mitglieder seit 20 Jahren an, von ihrem geliebten Vernatsch und der traditionellen Pergel auf das modernere Drahtrahmensystem und hochwertige Sorten umzusteigen. Die Überzeugungsarbeit hat erste Früchte getragen. Zumindest einigen Mitgliedern ist klargeworden, daß der Erfolg der Genossenschaft von qualitativ guten Weinen abhängt – besseren als in der Vergangenheit. Und das heißt: von der Produktion hochwertigen Leseguts. So kommt es, daß die Burggräfler heute einige wahrlich hinreißende Weine im Sortiment haben, die sich mit denen anderer renommierter Ge-

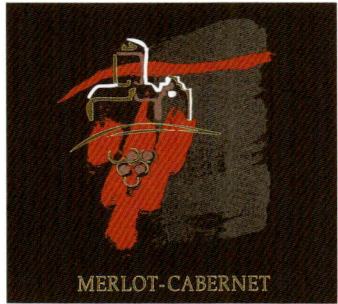

nossenschaften durchaus messen können.

■ Kühleres Klima

Dabei sind, im Vergleich zu den großen Genossenschaften im Überetsch und Unterland, die Ausgangsbedingungen im Burggrafenamt ungleich schlechter. Das Klima ist, bedingt durch die nördliche Lage, kühler, die Vegetationsperiode entsprechend kürzer. Dadurch können vor allem die späten Sorten nicht jedes Jahr voll ausreifen. Hinzu kommt, daß auch die Tage kürzer und damit auch die Sonnenstunden etwas knapper bemessen sind. Auch wenn sie das Beste daraus machen – über den Berg sind die Genossen noch nicht. Der Vernatsch-Anteil ist nach wie vor viel zu hoch. Ein großer Teil des Weines muß offen oder in der Literflasche vermarktet werden. Erst ein Drittel der Produktion wird in die 0,75-l-Flasche abgefüllt.

■ Die Weißweine

Die Weißweine der Burggräfler Kellerei sind solide, aber nicht herausragend: blumig im Bouquet, fruchtig am Gaumen, etwas kurz auf der Zunge. Positive Ausnahme: der Weißburgunder »Guggenberg«, der durch seine zarte Frucht und die nervige Säure imponiert, sowie der Chardonnay »Tiefenthaler« mit seiner exotischen Fruchtfülle. In der Vergangenheit hatten die Weißweine keine große Rolle gespielt. Erst in den letzten Jahren wurden vermehrt Weißburgunder und Chardonnay gepflanzt, die im kühlen Klima beste Voraussetzungen finden. In den nächsten Jahren werden noch mehr Weißweine das Sortiment der Burggräfler zieren.

■ Viel Vernatsch

Der Vernatsch wurde im Meraner Raum lange Zeit mehr als Obst denn als Ausgangsprodukt für die Weinerzeugung angesehen. Weil die Trauben angesichts der thermischen Schwankungen zwischen Tag und Nacht

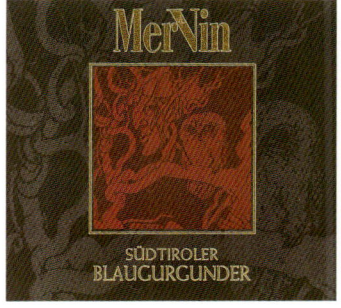 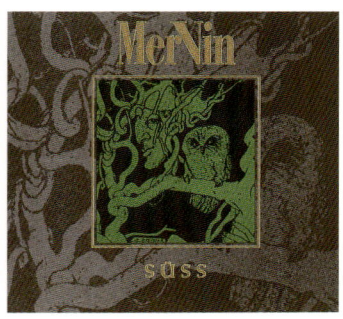

sehr aromatisch schmecken, erlangten sie als »Meraner Kurtrauben« weltweite Berühmtheit. Der Wein, der aus ihnen erzeugt wird, ist von eher einfacher Struktur und leicht säurebetont. In den wärmeren Lagen kann der Vernatsch jedoch geschmeidig und elegant ausfallen – zumal sein Wachstum begrenzt wird. Besondere Erwähnung verdient in diesem Zusammenhang der Meraner »Schickenburg« – das elegante Gegenstück zu den St. Magdalenern.

■ Vorzügliche Rotweine

Bei den Rotweinen sticht der Lagrein Cabernet aus der »MerVin«-Linie hervor. Mit seiner tief rubinroten Robe, seinem Kirsch- und Waldbeerenaroma, das von Schokoladen- und Ledernoten begleitet wird, überrascht er jene zahlreichen Zweifler, die nicht glauben wollen, daß aus Gratsch und Tscherms Weine von solch einer Konzentration kommen können. Vorzüglich und in zahlreichen Blinddegustationen hervorragend plaziert ist der Merlot-Cabernet aus der Normallinie, doch fehlt ihm noch die Struktur, um an den »MerVin«-Wein heranzukommen. Von sehr guter Qualität ist auch der Blauburgunder »Tiefenthaler« aus der »MerVin«-Linie. Er besitzt Farbe, Feuer, eine herrlich saftige Kirschfrucht sowie würzige Aromen und zartes, hintergründiges Tannin. Die Trauben für ihn stammen allerdings aus dem Unterland bei Mazon.

GENOSSENSCHAFTSKELLEREIEN

Eisacktaler Kellerei

Leitach 50, 39043 Klausen
Tel. 0472/847553, Fax 0472/847521

In Frucht eingebettet sind die Weine aus den hoch gelegenen, teils abenteuerlich steilen, teils bemitleidenswert kleinen Weingärten der Eisacktaler Genossen. Als »Bergweine« möchten sie sie verstanden wissen.

■ Die Spitzenweine

»Aristos«-Linie mit Silvaner, Müller-Thurgau, Gewürztraminer.

■ Die Standardweine

Silvaner, Müller-Thurgau, Gewürztraminer, Ruländer, Veltliner, Kerner, Chardonnay, Weißburgunder, Vernatsch, Blauburgunder.

■ Spezialität

Klausner Laitacher: der traditionelle Rotwein des Eisacktals, hellrot in der Farbe, fruchtig-leicht im Geschmack, gewonnen aus Vernatsch, Lagrein und Portugieser.

Mitglieder: 132
Rebfläche: 134 ha
Produktion: 7 500 hl
davon 0,75-l-Flaschen: 600 000
Vernatsch-Anteil: 3 %

■ Bewertung

Sehr saubere, leichte Weine mit kräftiger Aromastruktur, nicht langlebig, aber delikat in der Nase und am Gaumen, dabei recht preiswert.

EISACKTALER KELLEREI

■ Der Betrieb

Die Eisacktaler Kellerei ist die jüngste Wein-Genossenschaft Südtirols. Sie wurde erst 1961 gegründet und zählte damals 24 Mitglieder. Ihr erstes Quartier war der historische Reinthalerhof nördlich von Klausen, der jedoch durch einen Brand und ein paar Jahre später durch ein abgehendes Schneebrett zerstört wurde. 1978 bezog die Kellerei ein neues Domizil im Klausener Gewerbegebiet, fast direkt an der Autobahnausfahrt Klausen gelegen. Dort sind Keller, Lagerhalle, Verwaltung und eine Probierstube untergebracht, letztere ein beliebter Treffpunkt für blaubeschürzte Einheimische. Den Mangel an Charme, den das neue Gebäude aufweist, machen die Weine durch gute Qualität wett.

■ Fast nur Weißweine

Die Kellerei ist vor allem für ihre Weißweine bekannt. Sie machen 95% des Sortiments aus. Die Trauben stammen fast ausschließlich aus kleinen, bis zu 900 Meter hoch gelegenen Weingärten an den Sonnenhängen des Eisacktals. Silvaner, Müller-Thurgau, Gewürztraminer und Veltliner sind mit Abstand die am häufigsten angebauten Sorten. Kerner und Ruländer spielen nur eine Nebenrolle.

Der junge Kellermeister Thomas Dorfmann, Jahrgang 1967, hat durch ein strenges Qualitätsmanagement große Fortschritte erzielen können.

■ Herzhaft und kernig

Die Standardweine sind durchweg herzhafte, säure- und fruchtbetonte Gewächse, die robust und delikat, im Falle des Veltliners (70% Grüner Veltliner, 30% Frühroter Veltliner) und des Laitachers auch etwas derb sind. Besonders hervorzuheben ist der Ruländer, der in seiner leichten, neutralen Art besser ist als die meisten italienischen Pinot Grigio. Feinheit ist eher das Thema bei den »Aristos«-Weinen: spezielle Weinbergsselektionen, die separat vinifiziert und (im Edelstahltank) ausgebaut werden. Hier spielen der leicht schmalzige, erdig-fruchtige Silvaner und der feinwürzige Müller-Thurgau ihre Stärken aus. Der Gewürztraminer mit seinem übermäßig blumigen Würz-Bouquet besitzt nicht ganz die stoffige Fülle der Gewächse aus Tramin.

Mißraten ist leider der »Dominus«, der erste Barrique-Versuch der Eisacktaler Genossen. Sie haben 1997 die beste Partie ihres Silvaners geopfert, um sie im kleinen Eichenholzfaß zu vergären. Resultat: ein »Schreinerwein«.

GENOSSENSCHAFTSKELLEREIEN

ERSTE & NEUE

Kellereistr. 5/10, 39052 Kaltern; Tel. 0471/963122, Fax 0471/964368
E-Mail: info@erste-neue.it, Internet: www.erste-neue.it

In atemberaubendem Tempo haben die Genossen aus Kaltern ihrem (noch immer viel zu) großen Vernatsch-Sortiment eine breite Palette guter, teilweise sogar sehr guter Qualitätsweine an die Seite gestellt.

■ Die Spitzenweine

Weine der »Puntay«-Linie: Weißburgunder, Chardonnay, Gewürztraminer, Kalterersee, Cabernet, Lagrein Riserva, Rosenmuskateller, Anthos.

■ Die Lagenweine

Weißburgunder »Brunar«, Chardonnay »Salt«, Sauvignon »Stern«, Goldmuskateller »Barleit«, Kalterersee Auslese »Rastenbach« und »Leuchtenburg«, St. Magdalener »Gröbnerhof«, Blauburgunder »Mezzan«.

■ Die Standardweine

Weißburgunder, Terlaner, Chardonnay, Pinot Grigio, Gewürztraminer, Müller-Thurgau, Goldmuskateller, Vernatsch, Grauvernatsch, Kalterersee Auslese, Lagrein Kretzer, St. Magdalener, Blauburgunder, Lagrein, Cabernet, Rosenmuskateller.

Mitglieder: 570
Rebfläche: 315 ha
Gesamtproduktion: 30 000 hl
davon 0,75-l-Flaschen: 830 000
Vernatsch-Anteil: 70 %

ERSTE & NEUE

■ **Spezialitäten**

Der feinsüße, duftige Rosenmuskateller und der vollsüße, fette Anthos: eine Cuvée aus teilgetrockneten Sauvignon-, Gewürztraminer- und Goldmuskateller-Trauben.

■ **Bewertung**

Vor allem mit den »Puntay«-Weinen haben die Kalterer sich in der Fachwelt großen Respekt verschafft. Aber auch unter den Lagenweinen befinden sich äußerst gelungene Kreszenzen. Die modern vinifizierten Standardweine sind von solider Qualität.

■ **Die Kellerei**

ist aus der 1986 erfolgten Fusion der zwei großen Kalterer Kellereigenossenschaften hervorgegangen: der Ersten und der Neuen. 1991 wurden überdies die Mitglieder der Baron-di-Pauli-Kellerei übernommen. Seitdem ist die Erste & Neue die nach Mitgliedern größte Genossenschaft Südtirols. Die Kellermeister Peter Thuile und Walter Schullian haben schon vor vielen Jahren ein ehrgeiziges Programm zur Verbesserung der Weinqualität aufgelegt. Zentraler Punkt dieses Programms ist es, die Mitglieder zum Anbau der zu den jeweiligen Weinbergsstandorten passenden Sorten, zu einem weitgehenden Düngemittel- und Spritzmittel-

verzicht sowie zur Mengenreduktion anzuhalten. Nicht immer ein leichtes Unterfangen in Anbetracht der Tatsache, daß ein großer Teil der Mitglieder der Ersten & Neuen aus alten Damen besteht, die den Weg zur Zahlstelle kennen, aber mit den Qualitätsprogrammen möglichst wenig zu tun haben wollen. Trotzdem war es dieser Genossenschaft möglich, Sonderqualitäten für Lagen- und Spitzenweine zu erzeugen.

■ **Starke Weißweine**

Eine Stärke der Ersten & Neuen sind die Weißweine – unter anderem weil sich die Genossenweise auf diejenigen Sorten konzentrieren, die in ihrem Einzugsgebiet am besten gedeihen: Weißburgunder, Chardonnay und Gewürztraminer. Alle drei Sorten sind in der »Puntay«-Spitzenlinie vertreten. Während der Chardonnay im kleinen Holzfaß vergoren wurde, sind Weißburgunder und Gewürztraminer nur im Edelstahl gereift. Große Anstrengungen unternehmen die Kellermeister derzeit mit dem

Gewürztraminer. Die ersten Jahrgänge des »Puntay«-Gewürztraminers waren grandios, wenn auch der Wein durch seine Alkoholschwere und die dezente Restsüße immer nur eine kleine Nische ausfüllen wird.
Auch die Lagenweine der mittleren Linie bestechen durch ihre Frische und die extreme Fruchtigkeit, wobei der feinduftige, säurefrische Weißburgunder »Brunar« besonders herausragt. Er kommt von der höchsten Lage Kalterns direkt am Fuße des Penegal. Auch der Chardonnay »Salt« (ohne Holz) gefällt durch seine nervige Art.

■ **Rotwein-Stolz**

Stolz sind die Genossen auch auf ihre Rotweine. Das gilt vor allem für ihren »Puntay«-Cabernet (80 % Cabernet Sauvignon, 20 % Cabernet franc). Er kommt von warmen Südlagen oberhalb des Kalterer Sees und aus Tramin – Lagen, in denen früher Vernatsch-Reben standen. Der Wein besticht durch seine Dichte, die kompakte Frucht und das weiche, saftige Tannin. Er wird komplett im kleinen Holzfaß ausgebaut, und zwar zwischen 15 und 18 Monaten. Mit den kräuterwürzigen traditionellen Cabernets Südtirols hat er nichts mehr gemein. Der 94er Cabernet wurde von den Südtiroler Kellermeistern zum besten Wein dieser Sorte in ganz Südtirol gewählt.
Leider fehlt ein Cabernet in der mittleren Linie. Der Standard-Cabernet ist ein sauberer, fruchtiger Rotwein für den sofortigen Genuß.

■ **Blauburgunder und Lagrein**

Beim Blauburgunder haben die Kalterer noch nicht den Anschluß an die Spitze gefunden. Die Lage »Mezzan« liegt in Kaltern selbst und kann mit den besten Mazoner Lagen nicht konkurrieren. Auch der Lagrein kommt aus Kaltern, allerdings von tiefen Lagen. Außerdem wächst er noch auf der Pergel, so daß die Kellermeister sich bislang nicht entschließen konnten, mehr als einen Kretzer und einen einfachen Lagrein für das Standardsortiment zu keltern. Allerdings wurde die Sorte wegen der starken Nachfrage neu gepflanzt: ebenfalls in Kaltern,

aber auf Drahtrahmen. Die Idee: eine hochklassige, in Barriques ausgebaute Riserva herauszubringen. Bleibt abzuwarten, ob diese künftig in allen oder nur in manchen Jahren an die Weichheit und Fülle des Grieser Lagrein herankommt. Der Jungfernjahrgang 1997 wird erst im Jahr 2000 freigegeben.

■ Ein Herz für den Vernatsch

Schließlich hängt das Herz der Genossen – wie könnte es in Kaltern anders sein? – stark am Vernatsch. Was in den einfachen Südtiroler Vernatsch eingeht, sind bereits bessere Traubenpartien. Die Trauben der untersten Qualitätskategorie sind für den Literflaschen-Vernatsch reserviert oder werden im Faß verkauft. Der Kalterersee »Leuchtenberg« ist die interessantere der beiden Auslesen aus der mittleren Linie. Sie stammt vom Kreidhof unterhalb der Leuchtenburgruine am Kalterer See und ist nicht nur »trinkig«, sondern besitzt auch eine gewisse Substanz. Der vielschichtigere Wein ist aber zweifellos die »Puntay«-Auslese vom Kalterer See. Ihre Trauben kommen aus mehreren ausgewählten Weingärten mit guter Sonnenexposition am Kalterer See – ausgewählt vor allem nach Klonenvielfalt. Das heißt: In diesen Weingärten finden sich noch mehrere alte Vernatsch-Spielarten, die dem Wein mehr Fülle und Komplexität geben. Resultat: Die »Puntay«-Auslese besitzt neben der delikaten, saftigen Frucht auch ein gewisses Maß an Tiefe – bei Kalterersee-Weinen nicht immer selbstverständlich.

■ Die Süßweine

Viel Sorgfalt verwendet die Erste & Neue auf ihre Süßweine. Der erdbeerfarbene Rosenmuskateller bezaubert mit seinem fragranten muskatwürzigen Duft – allerdings geschieht das nur in Jahren, in denen die Trauben wirklich ausreifen. Der vollsüße, beinahe »fette« Anthos ist eine Cuvée aus teilgetrockneten Sauvignon-, Gewürztraminer- und Goldmuskateller-Trauben. Er wird erst seit 1995 erzeugt.

GENOSSENSCHAFTSKELLEREIEN

KELLEREI GIRLAN

St.-Martin-Str. 24, 39050 Girlan
Tel. 0471/662403, Fax 0471/662654

Mitglieder: 240
Rebfläche: 240 ha
Gesamtproduktion: 23 000 hl
davon 0,75-l-Flaschen: 450 000
Vernatsch-Anteil: 46 %

Die Girlaner Kellereigenossenschaft gilt als exzellenter Weinproduzent, aber auch als schlechter Vermarkter. Besonders Blauburgunder-Liebhaber kommen auf ihre Kosten.

■ **Die Spitzenweine**

»Optimum«-Linie mit Künstleretiketten (Sauvignon, Gewürztraminer, Chardonnay, Vernatsch aus »Gschleier«, Lagrein, Cabernet Sauvignon, Blauburgunder »Trattmannhof«).

■ **Die Höfelinie**

»Pregnum«-Weine besonders guter Lagen: Weißburgunder »Plattenriegel«, Strahler (Cuvée), Kalterersee »Schloß Warth«, Vernatsch »Faß Nr. 9«, St. Magdalener »Bischofshof«, Blauburgunder »Patricia«, Merlot.

■ **Die Standardweine**

Weine der »Vinum«-Linie: Weißburgunder, Chardonnay, Pinot Grigio, Riesling, Gewürztraminer, Müller-Thurgau, Sauvignon, Goldmuskateller, Lagrein Kretzer, Merlot Rosé, Edelvernatsch, Kalterersee Auslese, Kalterersee Auslese »Klosterhof«, Grauvernatsch, Vernatsch »Schreckbichler«, St. Magdalener, Blauburgunder, Cabernet, Lagrein.

■ **Spezialität**
Vernatsch »Faß Nr. 9«: ein samtiger, aber gleichzeitig robuster Vernatsch von alten Reben, der nach dem Vorbild des grandiosen 61ers immer im Faß Nr. 9 ausgebaut wird.

■ **Bewertung**
Grundsolide Basisqualitäten sind die Stärke dieser Genossenschaft. Bei den gehobenen Qualitäten der »Pregnum«- und der »Optimum«-Linie fehlt es an Weinen mit großem Atem. Sie sind gut, aber nicht optimal, gemessen an den Möglichkeiten.

■ **Die Kellerei**
In den über 75 Jahren ihres Bestehens ist die Kellerei Girlan durch alle Höhen und Tiefen gegangen. In den 60er Jahren, als sich alles um den Vernatsch drehte, zählte sie zu den bestangesehenen Genossenschaften Südtirols. In den 70er Jahren, als die Nachfrage nach Weißwein anstieg, wartete sie mit vorzüglichen Weißburgundern auf. Und in den 50er Jahren produzierte sie Blauburgunder, die sich auch noch in den 80er Jahren in bester Verfassung präsentierten. Der 59er ist Legende, und es gibt seriöse Degustato-

ren, die behaupten, nie einen besseren Blauburgunder in Südtirol getrunken zu haben. Angesichts der glorreichen Vergangenheit wirken die Verhältnisse in der Girlaner Genossenschaft heute statisch. Die Weine sind untadelig, aber brav. Experimentiert wird nur wenig. Man möchte sich und seinem Stil treu bleiben.

JAHRGANG 1997

SÜDTIROLER VERNATSCH
VON ALTEN REBEN
AUS GSCHLEIER

SCHIAVA DELL'ALTO ADIGE

VON 9000 FLASCHEN
DI   BOTTIGLIE

KELLEREI GIRLAN

JAHRGANG 1996

SÜDTIROLER
LAGREIN

LAGREIN DELL'ALTO ADIGE

VON 4500 FLASCHEN
DI   BOTTIGLIE

KELLEREI GIRLAN

■ Liebe zum Vernatsch

Der Besonderheiten gibt es mehrere in dieser Genossenschaft. Da ist zunächst die Liebe zum Vernatsch. »Die Fröhlichkeit dieser Weine veranlaßt mich, trotz aller Krisen an sie zu glauben«, meint Hartmuth Spitaler, seit 1975 als Nachfolger seines Vaters Valentin erst Kellermeister, heute Obmann der Kellerei. Der »Faß Nr. 9« und der Vernatsch von Spitalers eigener Lage »Gschleier« sind Ausdruck dieser traditionellen Vernatsch-Verbundenheit. Auch in der Kellertechnik wird Tradition großgeschrieben. Für neue Kelter- und Ausbaumethoden hat man wenig Sympathie. Nur bei dem »Optimum«-Chardonnay und dem Blauburgunder »Patricia« darf der Kellermeister Gebhard Eisenstecken neue kleine Holzfässer einsetzen.

■ Viel Blauburgunder

Und dann der Blauburgunder. Nach dem Vernatsch ist er der häufigste Wein, der in Girlan produziert wird. »Wir haben im Herbst die Chance, uns die toll-

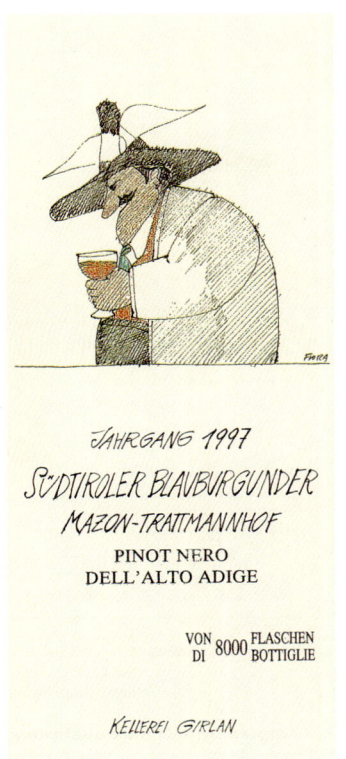 

sten Sachen rauszusuchen«, sagt Spitaler. Freilich sollte der Weinkonsument keine dunklen, dichten Kraftpakete modernen Stils erwarten. Die Girlaner Blauburgunder sind himbeerfarben, von eher fragiler Statur, duftig, fruchtbetont und schon früh in guter Trinkverfassung. Jahre, gar Jahrzehnte zu altern ist ihre Stärke nicht. Das gilt vor allem für den Spitzenwein »Trattmannhof« aus Mazon, etwas weniger für den Blauburgunder »Patricia«, der durch den Barrique-Ausbau stabiler und farbintensiver ist. Übrigens sind auch Weißburgunder, Gewürztraminer und Cabernet Sauvignon mehr als einen Probeschluck wert. Da 80 % der Produktion noch in der Literflasche vermarktet werden, befinden sich auch in diesen Gebinden gute Qualitäten. Allerdings tragen sie nicht die genialen Etiketten des Zeichners Paul Flora, der sich dem Girlaner Wein stark verbunden fühlt. Übrigens: 1998 wurde die Bozener Handelskellerei Lun von den Girlaner Genossen übernommen.

KELLEREI GRIES

Grieser Platz 2, 39100 Bozen
Tel. 0471/270909, Fax 0471/289110

Die Grieser Genossen haben immer auf Lagrein gesetzt – früher auf den roséfarbenen Kretzer, jetzt auf den dunklen Lagrein. Zur Renaissance dieser hochwertigen alten Sorte haben sie mehr als nur ein Scherflein beigetragen.

■ Die Spitzenweine

Merlot Riserva »Siebeneich«, Lagrein »Grieser Riserva«, Mauritius (Cuvée Merlot, Lagrein).

■ Die »Collectionsweine«

Merlot Riserva »Steinerhof«, Lagrein Grieser Riserva »Baron Carl Eyrl«, Klassischer St. Magdalener »Tröglerhof«, Weißburgunder »Dellago«.

■ Die Standardweine

Terlaner Weißburgunder, Chardonnay, Gewürztraminer, Müller-Thurgau, Eisacktaler Silvaner, Goldmuskateller, Vernatsch »Schloß Korb«, Kalterersee Auslese, Lagrein Kretzer, Lagrein Kretzer »Pischlhof«, Malvasier, St. Magdalener, Bozner Leiten, Lagrein »Grieser Riserva«, Blauburgunder Riserva, Merlot »Steinerhof«, Cabernet Riserva.

Mitglieder: 135
Rebfläche: 200 ha
Gesamtproduktion: 16 000 hl
davon 0,75-l-Flaschen: 450 000
Vernatsch-Anteil: 50 %

Spezialitäten

Die Süßweine Vinalia und Rosis: hochfeine Trockenbeerenauslesen von Goldmuskateller beziehungsweise Rosenmuskateller.

Bewertung

Die Produktion wird überstrahlt vom Glanz der großen Lagrein- und Merlot-Weine aus der »Prestige«-Linie und der »Collection«. In ihnen dokumentiert sich das Potential und die Kompetenz dieser Genossenschaft. Das gilt auch für den St. Magdalener. Die Weißweine der Standardlinie bleiben dagegen blaß.

Die Kellerei

Sie liegt im Bozener Stadtteil Gries. Ein blau-gelber Torbogen über dem Eingang weist unübersehbar den Weg zu den Verliesen, in denen die Weine ihrer Reife entgegendämmern. Schließlich gilt es, einen starken Mitbewerber bei Rotwein auf Distanz zu halten: das Kloster Muri auf der gegenüberliegenden Seite des Grieser Platzes. Doch wer guten St. Magdalener und Lagrein will, läßt sich nicht beirren. Diese beiden Weine machen den hervorragenden Ruf der Grieser Genossenschaft aus. Besonders beim Lagrein haben die Grieser in den letzten Jahren Großes geleistet. Ihre Weine sind von einer Dichte und Feinheit, die ihresgleichen sucht. Und der größte Lagrein-Produzent Südtirols sind sie mittlerweile auch geworden. Ulrich Ambach, der Kellermeister und »Schaffer«, wie er genannt wird, bekennt ganz offen: »Ich habe meine Seele an den Lagrein verkauft.«

Der »Prestige«-Lagrein

Die Trauben für die Lagrein »Grieser Riserva« kommen von den Schwemmlandböden des Bozener Vorortes, wo die Hektarerträge unter 60 Hektolitern liegen. Der Wein ist von extrem dunkler Farbe, kräftiger Struktur, hat viel weichen, süßen Gerbstoff und ein feines Kirsch-Schokoladen-Bouquet. Bemerkenswert: Es werden von diesem Spitzenwein über 30 000 Flaschen gefüllt. Nach einer kurzen, aber intensiven Maischegärung reift der Wein über ein Jahr in kleinen Fässern aus französischer Allier-Eiche.

■ Merlot und Mauritius

Ebenso gut gelungen ist die Merlot Riserva. Ein begeisternder, tiefer Wein, der dicht gewoben ist und doch weich und geschmeidig wirkt. Die feine Holznote ist geschickt eingearbeitet. Die Trauben für diesen Wein kommen von dem 5 Hektar großen Steinerhof in Siebeneich. Er gehört Otto Graf Huyn, dessen Bruder Hans sich in den 60er Jahren als Chronist des Südtiroler Weines verdient gemacht hat. Der Hof umfaßt 5 Hektar Reben, von denen 3,5 Hektar mit Merlot bestockt sind. Sie stehen auf den sandigen Bänken der Etsch. Auch der Mauritius stammt zum größten Teil vom Steinerhof. Die ersten Jahrgänge dieser Cuvée aus Merlot (60 %) und Lagrein (40 %) erfüllten freilich noch nicht ganz die hohen Erwartungen. Auch er wird in Barriques aus Allier-Eiche ausgebaut.

■ Collectionsweine

Von ihrer Substanz her stehen sie den »Prestige«-Weinen kaum nach. Allerdings kommen sie

von anderen Lagen und sind nicht in kleinen Barriques, sondern im großen Holzfaß gereift. Der Merlot »Steinerhof« (früher »Otto Graf Huyn«) stammt ebenfalls aus Siebeneich und besticht durch seine fleischige, leicht kräuterwürzige Art. Die Riserva »Baron Carl Eyrl« ist eine Art Inbegriff des Lagrein: ein im großen Holzfaß gereifter, ungemein dichter Wein mit weichem Gerbstoff – die Krönung der »Collection«. Um den 3-Hektar-Hof des Adeligen mitten in Gries wächst noch der kurzstielige Lagrein, eine besonders kleinbeerige, nur noch selten anzutreffende Spielart des Lagrein. Hoch empfehlenswert schließlich der herb-erdige St. Magdalener vom Tröglerhof, bei dem die steile Lage und die alten Rebstöcke, unter anderem des raren Tschaggelevernatsch, einen positiven Einfluß auf die

Qualität haben. Nach langem Zögern hat »Schaffer« Ambach auch bei den Weißen dem Erwartungsdruck nachgegeben. Resultat: der feine, birnenfruchtige Weißburgunder »Dellago«. Er wächst unterhalb von Schloß Korb bei St. Pauls.

■ Die Standardweine

Das Basissortiment der Grieser Genossen ist breit gefächert. Nicht alles, was dort untergebracht ist, erfüllt die Erwartungen. Bei den Weißweinen scheint es Ambach noch nicht gelungen zu sein, alle Traubenlieferanten von seinem Qualitätsprogramm zu überzeugen. Der Weißburgunder (aus Montiggl und Missian) ist flau, der Chardonnay (aus Kaltern und Missian) etwas bäuerlich, der Sauvignon (aus Gries) belanglos. Auch der Blauburgunder läßt noch manchen Wunsch offen. Dafür werden beim Lagrein die Erwartungen wieder einmal mehr als erfüllt. So sind beispielsweise die beiden Kretzer nicht einfach nur erfrischend fruchtig, sondern ausgesprochen gehaltvoll. Und die einfache Lagrein »Grieser Riserva« würde bei fast allen anderen Kellereien in die Kategorie Spitzenwein eingegliedert: ungemein dunkel in der Farbe, dicht in der Textur, weich im Tannin, geschliffen in der Frucht.

GENOSSENSCHAFTSKELLEREIEN

Kellerei Kaltern

Kellereistr. 12, 39052 Kaltern; Tel. 0471/963149, Fax 04171/964454
E-Mail: info@kellereikaltern.com, Internet: www.kellereikaltern.com

Die Kalterer konzentrieren sich auf das, was sie wirklich können. Und das sind vor allem Rotweine. Aber nicht nur die hellroten Kalterersee, sondern auch die dunklen Cabernets.

■ Die Spitzenweine

»Riserva«-Linie mit Weißburgunder »Pfarrhof«, Kalterersee Auslese »Pfarrhof«, Blauburgunder, Cabernet.

■ Die Höfe- und Lagenlinie

Weißburgunder »Vial«, Chardonnay »Waldleith«, Sauvignon »Premstalerhof«, Gewürztraminer »Campaner«, Vernatsch »Campaner«, Kalterersee Auslese »Greifenburg«, Blauburgunder »Saltnerhof«, Cabernet »Campaner«.

■ Die Standardweine

Weißburgunder, Chardonnay, Terlaner, Pinot Grigio, Müller-Thurgau, Goldmuskateller, Gewürztraminer, Menuett Blanché (Gelber Muskateller), Kalterersee Auslese, Kalterersee Auslese »Enzenberg«, Grauvernatsch, Edelvernatsch, St. Magdalener, Lagrein, Lagrein Kretzer, Blau-

Mitglieder: 400
Rebfläche: 300 ha
Gesamtproduktion: 22 000 hl
davon 0,75-l-Flaschen: 1 Mio.
Vernatsch-Anteil: 70 %

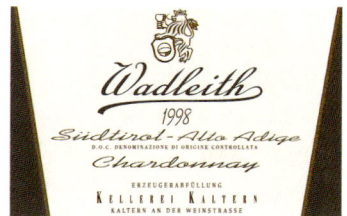

burgunder, Menuett Rosé (Vernatsch), Cabernet, Rosenmuskateller.

■ **Spezialität**

Serenade: üppig-süßer Goldmuskateller, der nach der Passitomethode aus leicht angetrockneten Trauben gekeltert und anschließend im Barrique vergoren wurde.

■ **Bewertung**

Besonders beeindruckend sind für mich die Weine der »Höfe«- und »Lagen«-Linie, während die »Riserva«-Weine oft, aber nicht in jedem Jahr überzeugen. Ob der Blauburgunder im warmen Kaltern richtig steht, scheint mir fraglich. Gut ist die Qualität einiger Standardweine.

■ **Die Kellerei**

Sie ist hervorgegangen aus der Fusion der Jubiläums- und der Bauernkellerei in Kaltern (1992). Die Gründungsstunde dieser beiden Genossenschaften schlug schon am Anfang des 20. Jahrhunderts, als Südtirol noch zum österreichischen Kaiserreich gehörte und der Südtiroler Wein sich bei den wohlhabenden Bürgerschichten in Wien und Salzburg höchster Wertschätzung erfreute. Damals lieferten die Kalterer Genossen ihren Wein bis in die erlauchtesten Kreise der Habsburger Monarchie. Nach deren Zerfall erlebten die Kalterer Genossen schwere Zeiten, die erst in den 50er Jahren beendet waren, als Südtirol seine traditionellen Faßwein-Exportmärkte wieder neu eroberte. Als sich der Konsumentengeschmack in den 70er Jahren wandelte und weniger, aber besserer Wein getrunken wurde, bauten die Genossenschaften ihre Kapazitäten massiv ab. Heute produzieren sie nur noch die Hälfte der damaligen Mengen – was freilich immer noch viel ist. Vor allem der Vernatsch ist bei den Mitgliedern der Kellerei noch immer überrepräsentiert.

■ **Vorzügliche Lagen**

Die Genossenschaft ist mit Weinbergen rund um den Kalterer See reich gesegnet (98 % der Weinberge liegen dort). Nicht wenige dieser Weinberge stellen

Lagen erster Güte dar. Davon profitiert zuerst der traditionelle Kalterersee, der in der Auslese seinen höchsten Ausdruck erfährt. Der Spitzenwein aus dieser Sorte kommt vom »Pfarrhof«: ein gehaltvoller, weicher Wein, der viele Vernatsch-Spielarten und darüber hinaus auch Komplementärsorten wie Rosara und Negrara enthält.

■ Cabernet-Spezialist

Allerdings ist Kellermeister Helmut Zozin überzeugt, daß andere Sorten im Kalterer Klima ebenso gut gedeihen und sogar interessantere Weine bringen können. Cabernet und Merlot zum Beispiel. In den warm-heißen, lichtstarken Hanglagen um den See haben diese Sorten die Chance, zumindest in besseren Jahren auszureifen und wundervoll schmelzige Weine mit reifem Tannin zu ergeben. Die Riserva (mit 30 % Merlot und kleinen Anteilen Syrah und Petit Verdot) verleugnet auch nach über zwölfmonatigem Barriquelager ihre Südtiroler Herkunft nicht: ein kräuterwürziger Wein mit Noten von Cassis und Untertönen von Lakritze und Pfeffer. Nicht ganz so kräftig, aber ebenso fein ist der »Campaner« von verschiedenen Lagen um den Kalterer See. Von ihm werden in Zukunft immerhin 100 000 Flaschen erzeugt. Sehr »trinkig« ist der Standard-Cabernet.

■ Blauburgunder

Mit dem Blauburgunder haben die Kalterer ebenfalls große Pläne, auch wenn Kaltern ein

■ Energischer Kellermeister

Zozin ist ein kantiger, energischer Kellermeister, der schnell humorlos wird, wenn seine Genossen bei Maßnahmen, die der Qualität dienen, nicht mitziehen. Doch er bringt sie immer wieder dazu, statt Vernatsch andere Sorten zu pflanzen: »Wir sind in Kaltern vom Klima begünstigt, wir wissen es nur noch nicht.« Aber auch Selbstkritik ist Zozin nicht fremd. Anfängliche Versuche, Weißweine ins kleine Holzfaß zu legen, hat er eingestellt. Nur in ganz großen Jahren wird eine kleine Menge Chardonnay als »Private Selection« im Barrique vergoren: »Südtirol bringt einfache Weißweine mit schöner Frucht und Säure hervor, mehr nicht.« Dafür stehen heute sein Weißburgunder »Vial« und – mehr noch – der Weißburgunder vom »Pfarrhof«. Geradezu fulminant ist der Gewürztraminer »Campaner«: leicht restsüß und mit über 14 Vol.% Alkohol, doch von überwältigender Stoffigkeit. Hinreißend zu Spargelrisotto und Schinken mit Kren.

schwieriger Standort für diese Sorte ist. Er kommt größtenteils von den Besitzungen der Grafen Enzenberg (vom Weingut Manincor), die mit einem Teil ihrer Flächen Mitglied der Genossenschaft sind. Der Blauburgunder »Saltnerhof« ist ein warmer, überaus fruchtiger Wein mit viel weichem Schmelz, während die im Barrique gereifte Riserva mehr Würze und Tiefe besitzt. Jedoch reichen beide nicht an die großen Südtiroler Blauburgunder-Spitzengewächse heran, auch wenn die Trauben aus hohen und damit kühleren Lagen Kalterns kommen.

GENOSSENSCHAFTSKELLEREIEN

KELLEREI KURTATSCH

Weinstr. 23, 39040 Kurtatsch; Tel. 0471/880115, Fax 0471/880099
E-Mail: info@kellerei-kurtatsch.it, Internet: www.kellerei-kurtatsch.it

Die Kurtatscher seien, so meinen die Menschen in Bozen und Meran, aus grobem Holz geschnitzt. Auf die Weine aus Kurtatsch trifft das nicht zu. Sie sind üppig, reich und fein.

■ Die Spitzenweine

Chardonnay »Eberlehof«, Blauburgunder »Fritzenhof«, Cabernet »Ansitz Freienfeld«, Merlot »Brenntal«.

■ Die Mittellinie

Sauvignon, Chardonnay »Felsenhof«, Müller-Thurgau »Hofstatt«, Grauvernatsch »Sonntaler«, Lagrein »Fohrhof«, Blauburgunder »Vorhof«, Cabernet »Kirchhügel«.

■ Die Basislinie

Weißburgunder, Chardonnay, Pinot Grigio, Müller-Thurgau, Gewürztraminer, Goldmuskateller, Lagrein Kretzer, Grauvernatsch, Kalterersee Auslese »Schwanklhof«, St. Magdalener, Blauburgunder, Lagrein, Cabernet.

Mitglieder: 235
Rebfläche: 220 ha
Gesamtproduktion: 25 000 hl
davon 0,75-l-Flaschen: 850 000
Vernatsch-Anteil: 45 %

■ Spezialität

Mirus Chardonnay Brut: ein fruchtiger Blanc de Blancs aus Kurtatscher Chardonnay-Trau-

ben, der in der Prosecco-Zone zu Schaumwein verarbeitet wird (Tankgärung).

■ **Bewertung**

Die Kurtatscher Genossen haben ihre Spitzenweine nicht zu Lasten des Basis- und Mittelsortiments ausgebaut. Beide Sortimente liegen in ihrer Kategorie über dem Südtiroler Durchschnitt. Spitzen bei Chardonnay und Cabernet.

■ **Der Betrieb**

Die Kellerei Kurtatsch hat in den 80er Jahren einen bemerkenswerten Aufstieg durchgemacht und sich als eine der führenden Genossenschaften Südtirols etabliert. Sie hat bei ihren Mitgliedern beizeiten darauf gedrungen, sich auf hochwertige Reben statt auf den in Südtirol überrepräsentierten Vernatsch zu konzentrieren und diese standortgerecht zu pflanzen – eine elementare Voraussetzung, um den Weinbau nach qualitativen Gesichtspunkten neu zu ordnen. Außerdem hat Arnold Terzer, seit 1989 Obmann der Genossenschaft, aus den mitgliedereigenen Weinbergen die besten Flächen ausgewählt, um ein gutes halbes Dutzend Selektionsweine zu produzieren und diese als »Höfeweine« abzufüllen. Auf diese Weise konnte das riesige, bis dahin unausgeschöpfte Lagenpotential, das die Kurtatscher besitzen, besser genutzt werden. 1990 hat Terzer dann zum erstenmal einen Rotwein auf den Markt gebracht, der von der Weinpresse gleich zu einem der ersten Gewächse erklärt wurde: die Cabernet Riserva »Ansitz Freienfeld«. In den folgenden Jahren ist der Kellerei mit dem Merlot »Brenntal« ein weiterer sehr guter Rotwein gelungen.

■ **Viel Cabernet**

Die Rebflächen der Kurtatscher Genossen liegen fast ausschließlich im Unterland, also im Süden Südtirols, wo die Temperaturen deutlich höher liegen als in anderen Teilen der Provinz. Schwerpunkte sind deshalb der Chardonnay und die Rotweine, vor allem Cabernet. Diese Sorte wird

franc und Merlot sowie einjähriger Barrique-Passage). Er wurde in den letzten Jahren durch Zugabe von »Freienfeld«-Cabernet aufgewertet und ist dadurch deutlich dichter und feiner geworden. Ein Super-Cabernet in seiner Klasse – wenn auch noch kein erstes Gewächs.

■ Cabernet »Freienfeld«

Dieser Anspruch ist dem Cabernet »Ansitz Freienfeld« vorbehalten: ein kaffeeschwarzer, reicher Wein mit vielen Cassis- und Ledernoten im Aroma, dazu ein markanter, süßer Holzton, der etwas exotisch oder, besser, »kalifornisch« wirkt. Tatsächlich benutzen die Kurtatscher teilweise amerikanische Barriques zum Ausbau. Das weiche, süße Tannin und die dunkle Farbe resultieren aus einer mehrtägigen Maischegärung im Rototank (die übrigens bei allen Rotweinen praktiziert wird). Jedenfalls besitzt der »Freienfeld« eine ganz eigene, nicht uninteressante Stilistik, die sich von der anderer Südtiroler Cabernets unterscheidet. Die letzten Jahrgänge waren übrigens deutlich feingliedriger als die hochgelobte 90er Riserva (Riserve werden nicht mehr abgefüllt). Freienfeld ist ein 12 Hektar großer Weinberg unterhalb der Kellerei (Hektarerträge bei 30 Hektolitern, Reben inzwischen fast

in größerem Stil erst seit Ende der 70er Jahre von den Genossen angebaut. Bis weit in die 80er Jahre hinein ließen die Qualitäten zu wünschen übrig. Ab 1985 wurden aus ihr passable, inzwischen sehr gute Weine erzeugt (auch wenn ein großer Teil noch auf Pergel wächst). Sie besitzen zwar nicht das Tannin toskanischer Cabernets, sind aber fruchtiger. Das gilt für den Basis-Cabernet, der ein paar Monate im großen Holzfaß reift, aber mehr noch für den Cabernet »Kirchhügel« (mit 30 % Cabernet

ganz auf Drahtrahmen). Er gehört zum gleichnamigen Ansitz in Kurtatsch, der als Repräsentationssitz der Kellerei dient und den Barriquekeller beherbergt.

■ Gute Lagenweine

In diesem Barriquekeller reift auch der Merlot »Brenntal«, der 1992 zum erstenmal auf den Markt kam: ein extraktreicher opulenter Wein, ebenfalls im internationalen Stil mit viel neuem Holz (bis zu 70%). Brenntal ist eine Steillage zwischen Kurtatsch und Tramin unterhalb der Weinstraße. Der Blauburgunder »Fritzenhof« wird nur in sehr guten Jahren abgefüllt (bisher 1995, 1997). Er kommt aus Mazon, ist vollmundig und dennoch feingebaut. Der zweite Blauburgunder vom Vorhof oberhalb Kurtatsch besticht durch feine, zarte Kirschfrucht. Der Lagrein befindet sich noch im Versuchsstadium. Er wächst am Hang oberhalb von Kurtatsch, wo noch wenig Erfahrungen mit dieser Sorte vorliegen. Einer Erwähnung wert ist auch der weiche, schmelzige Grauvernatsch »Sonntaler«, der von 50jährigen Reben stammt.

■ Die Weißweine

Die Weißweine kommen von Weingärten oberhalb von Kurtatsch. Sauvignon und Müller-Thurgau »Hofstatt« ragen aus der Palette heraus. Leitsorte ist jedoch die Chardonnay, die in Kurtatsch ideale Wachstumsbedingungen vorfindet. Liebhaber des säurebetonten Weines müssen sich an den Basis-Chardonnay, Liebhaber holzbetonter Gewächse an den »Felsenhof« (Weinberg neben der Kellerei gelegen und im Besitz von Obmann Terzer) oder den »Eberlehof« (oberhalb von Kurtatsch) halten. Der erste ist zu einem kleinen Teil, der letzte ganz in Barriques vergoren und ausgebaut worden. Daß der »Eberlehof« sich in Verkostungen selten ganz oben plaziert, schmälert nicht seine Güte. Mit seinen buttrigen, nussigen Aromen – Resultat des biologischen Säureabbaus, den er durchgemacht hat – entspricht er nicht dem gewohnten Typ eines Südtiroler Chardonnays.

GENOSSENSCHAFTSKELLEREIEN

MERANER KELLEREI

St.-Markus-Str. 11, 39012 Meran; Tel. 0473/235544, Fax 0473/211188
E-Mail: meraner-kellerei@rolmail.net, Internet: www.meraner-kellerei.com

Meran ist mehr für seine Kurtrauben als für den Wein berühmt. Das wollen die Genossen nun ändern.

■ **Die Spitzenweine**

Merlot »Freiberg«, Blauburgunder »Zenoberg«, Lagrein »Segenbichl« sowie die Weine der Linie »Graf von Meran« (Chardonnay, Traminer, Cabernet, Merlot und Cabernet Riserva).

■ **Die Höfeweine**

Chardonnay »Goldegg«, Weißburgunder »Pflanzer«, Sauvignon »Hecher«, Gewürztraminer »Felderer«, Goldmuskateller »Hecher«, Meraner »Küchelberger«, Meraner »Schloß Labers«, Vernatsch »Hagen«, Meraner »Eines Fürsten Traum«, Cabernet Sauvignon »Felderer«, Blauburgunder »Felderer«, Merlot »Felderer«.

Mitglieder: 194
Rebfläche: 122 ha
Gesamtproduktion: 7 900 hl
davon 0,75-l-Flaschen: 350 000
Vernatsch-Anteil: 75 %

■ **Die Standardweine**

Aus fast allen Südtiroler Sorten, darunter viel Meraner Vernatsch.

■ **Bewertung**

Am überzeugendsten sind derzeit die säurefrischen Weißweine der

Höfelinie, am vielversprechendsten Blauburgunder, Merlot und Lagrein der neuen Spitzenlinie, während die »Graf-von-Meran«-Weine hausbacken sind.

■ Die Kellerei

Kaum eine Kellereigenossenschaft Südtirols residiert in so stilvollem Ambiente wie die Meraner: eine alte, von Zypressen umstandene Villa, inmitten der Kurstadt gelegen. Das noble Äußere und der Wein, der in den Kellern des Anwesens reift, paßten in der Vergangenheit jedoch nicht immer zusammen. Lange, allzu lange haben sich die betulichen Genossen nämlich darauf verlegt, einfache und billige Weine für die lokalen Märkte, insbesondere für die Touristen, zu produzieren. So kommt es, daß der Vernatsch in ihren Weinbergen und das Mengendenken in ihren Köpfen immer noch stark vertreten sind.

■ Spezialitäten fördern

Die »Wachstümer« der knapp 200 Meraner Genossen liegen allesamt in warmen oder kühlen Klimanischen in der näheren Umgebung von Meran. Sie haben oft den Charakter von Kleinlagen. Der junge Kellermeister Stefan Kapfinger, der im Jahr 1992 nach Meran gekommen ist, hat die Kellerarbeit neu geordnet und sich für eine Bereinigung des Rebensortiments stark gemacht.

Müller-Thurgau und Riesling sind verschwunden. Der Vernatsch wird zugunsten höherwertigerer Sorten reduziert. Dazu zählt er vor allem Weißburgunder, Chardonnay und Gewürztraminer sowie Merlot und Blauburgunder. Besonders die Vinschgauer Rebflächen werden in den kommenden Jahren eine bedeutendere Rolle spielen als bisher. Dort will Kapfinger versuchen, sich mit Spezialitäten vom großen Südtiroler Weinmarkt abzusetzen. Vor allem Weißburgunder und Blauburgunder wurden dort gepflanzt.

■ Neue Rotweine

Die Weißweine zeichnen sich durch eine nervige Säure aus. Sie werden fast immer im Stahltank ausgebaut. Ausnahme: der Chardonnay »Graf von Meran«. Die Weine der Höfelinie sind interessanter als die »Graf-von-Meran«-Weine.

Das gilt besonders für die Roten. Dort ragt der Merlot heraus, der aus einem hochgelegenen Weinberg des Freiberghofes am Eingang des Passeiertals kommt, wo es fast so heiß ist wie im Bozener Talkessel. Der vorzügliche »Segenbichl«-Lagrein ist übrigens der einzige Wein, der nicht aus Meran, sondern aus Bozen stammt.

GENOSSENSCHAFTSKELLEREIEN

Kellerei
Nals & Margreid-Entiklar

Heiligenbergerweg 2, 39010 Nals; Tel. 0471/678626, Fax 0471/678945
E-Mail: info@kellerei.it, Internet: www.kellerei.it

Eine Kellerei im Umbruch. Sie besitzt ein großes Lagenpotential, kann aber erst mit wenigen Weinen höhere Erwartungen erfüllen.

■ Die Spitzenweine

Die »Baron-Salvadori«-Linie mit Chardonnay, Gewürztraminer, Blauburgunder Riserva, Cabernet Riserva, »Anticus« (Cabernet Sauvignon, Merlot).

■ Die Selektionsweine

Weißburgunder »Sirmian«, Terlaner Sauvignon »Mantele«, Goldmuskateller, Pinot Grigio »Punggl«, Vernatsch »Galea«.

■ Die Standardweine

Über 20 Weine aus nahezu allen in Südtirol angebauten Rebsorten.

Mitglieder: 140
Rebfläche: 150 ha
Gesamtproduktion: 11 000 hl
davon 0,75-l-Flaschen: 600 000
Vernatsch-Anteil: 45 %

■ Spezialität

Der Vernatsch »Galea«: ein himbeerfarbener, delikater Wein zum Essen, mit sauberer Frucht, gehaltvoll genug, um sich zwei oder drei Jahre lang auf der Flasche zu verfeinern.

KELLEREI NALS & MARGREID-ENTIKLAR

■ Bewertung

Mit den Weißweinen haben die Genossen 1998 erstmals einen guten Standard erreicht. Die Rotweine waren bis dahin noch von der altbacken-traditionellen Art.

■ Die Kellerei

In ihrer heutigen Struktur ist sie 1985 entstanden, als die Genossenschaft Margreid-Entiklar mit der kleinen Nalser Genossenschaft fusionierte. Diese verlor damals stark an Mitgliedern, weil sich die Genossen zunehmend dem boomenden Apfelanbau zuwendeten und im Weinbau keine Zukunft sahen. Durch den Zusammenschluß verfügt die Kellerei heute über Rebflächen von Meran bis Salurn und kann fast das gesamte Sortiment des Südtiroler Weines anbieten.

■ Neuer Kellermeister

Im Kampf um bessere Qualität ist die Kellerei noch rückständig gegenüber den führenden Genossenschaften Südtirols. Die Traubenerträge sind viel zu hoch. Der Vernatsch ist übergewichtet. Die Anreize zur Produktion qualitativ besseren Leseguts und zum Anbau hochwertiger Sorten sind zu gering. Überhaupt ist die Kontrolle der Weinbauern und die Überzeugungsarbeit in der Vergangenheit stark vernachlässigt worden. Viele Genossen leben noch in der Vorstellungswelt von gestern. Allerdings hat der neue Kellermeister Gerhard Kofler, der 1997 von der Kellerei Schreckbichl gekommen ist, schon im ersten Jahr seiner Amtszeit frischen Wind hineingebracht. Die Weißweine sind jedenfalls deutlich besser geworden.

■ Licht und Schatten

Die besten Weine sind weiß: der Chardonnay der »Baron-Salvadori«-Linie aus Margreid (zur Hälfte im kleinen Holzfaß gereift), der oberhalb von Nals gewachsene Weißburgunder »Sirmian« und der ebenfalls aus Nals stammende Sauvignon »Mantele«. Im Vergleich zum Gesamtausstoß der Kellerei sind die Mengen, in denen diese drei Weine produziert werden, gering. Immerhin: Hier wächst die richtige Rebsorte am richtigen Standort. Das gilt jedoch auch für die Rotweine, obwohl deren Qualität enttäuscht: locker gewoben und krautig die Cabernet Riserva (30 % Cabernet Sauvignon, 30 % Cabernet franc), rustikal und schon im Jugendstadium mit bräunlichem Alterston der »Anticus« (60 % Cabernet Sauvignon, 40 % Merlot), regelrecht auseinanderfallend und mit starkem Weihrauchton die Blauburgunder Riserva. Momentaufnahmen, sicher. Für die Zukunft ist wesentlich mehr zu erwarten.

Kellerei Schreckbichl/Colterenzio

Weinstr. 8, 39050 Girlan; Tel. 0471/664246, Fax 0471/660633
E-Mail: info@colterenzio.com, Internet: www.colterenzio.com

Die Schreckbichler Genossen sind Rebellen und Pioniere zugleich. Sie haben ebenso früh wie konsequent die Weichen in Richtung auf Qualität gestellt. Nur ganz wenige Private können ihnen heute das Wasser reichen.

■ Die Spitzenweine

»Cornell«-Weine (mit Chardonnay, Gewürztraminer, Moscato Rosa, Pinot Nero »Schwarzhaus«, Lagrein) sowie den Cuvées Cornelius Bianco (70 % Weißburgunder, je 15 % Chardonnay und Pinot Grigio) und Cornelius Cabernet Merlot.

■ Die Grand-Cru-Weine

Sauvignon »Lafoa«, Cabernet Sauvignon »Lafoa«.

■ Die Praedium-Selection

Pinot Bianco »Weisshaus«, Chardonnay »Contessa Coret«, Pinot Grigio »Puiten«, Sauvignon »Prail«, Vernatsch »Menzenhof«, Pinot Nero Riserva »St. Daniel«, Lagrein Riserva »Mantsch«, Merlot Riserva »Siebeneich«.

Mitglieder: 340
Rebfläche: 320 ha
Gesamtproduktion: 26 000 hl
davon 0,75-l-Flaschen: 1 Mio.
Vernatsch-Anteil: 46 %

■ Die Standardweine

Weißburgunder, Chardonnay, Pinot Grigio, Müller-Thurgau, Riesling, Gewürztraminer, Sauvignon, Silvaner, Goldmuskateller, Vernatsch, Kalterersee Auslese, St. Magdalener, Lagrein, Blauburgunder, Cabernet, Merlot.

■ Spezialität

Rosenmuskateller: ein hochfeiner und zart-süßer Dessertwein mit feinsten Duftnoten.

■ Bewertung

Herausragende Spitzenweine, teilweise großartige Praedium-Weine, die meist über dem Niveau der Spitzenweine anderer Kellereien liegen, dazu tadellose, typische Südtiroler Rebsortenweine als Basis der Qualitätspyramide.

■ Die Kellerei

Schreckbichl (italienisch: Colterenzio) ist ein Gemeindeteil von Girlan. Eine Gruppe aufmüpfiger Mitglieder hatte 1960 die Girlaner Genossenschaft verlassen und eine eigene Genossenschaft gegründet: eben Schreckbichl. Seitdem besitzt Girlan zwei Kellereien, wobei Schreckbichl an Größe und Renommee die Girlaner inzwischen weit überflügelt hat.

In den 70er und 80er Jahren haben die Schreckbichler bahnbrechende Neuerungen für das Südtiroler Genossenschaftswesen erkämpft und so eine wahrhaft historische Pionierrolle für den gesamten Weinbau Südtirols gespielt. Ein Mann steht für diese Entwicklung: Luis Raifer, ein strenger Zuchtmeister seiner Genossen, äußerlich kühl, innerlich voller Weinleidenschaft, dabei dickschädelig, unbeirrbar, charismatisch.

Vor allem ihm verdanken die Schreckbichler den glanzvollen Aufstieg ihres Betriebes. Er hat

 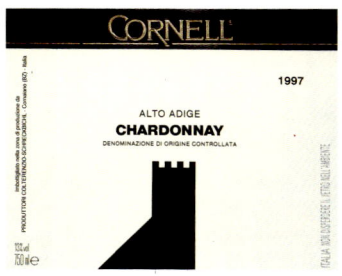

beizeiten die Vernatsch-Lastigkeit im Südtiroler Weinbau kritisiert und die Umstellung von der Pergel auf Drahtrahmen propagiert. Er hat die standortgerechte Sortenwahl gefordert, als andere noch pflanzten, was gerade Mode war. Schließlich hat Raifer, Jahrgang 1940 und promovierter Agrarwissenschaftler, die Sonderlinien und Selektionsweine eingeführt.

■ Cornell und Cornelius

Mit der »Cornell«-Linie haben die Schreckbichler 1985 als eine der ersten den herkömmlichen Weinstil Südtirols durchbrochen (Kornell ist übrigens der Name eines Hofes in Siebeneich, der aber nur einen Teil der Cornell-Trauben liefert). Das gilt vor allem für den Cornelius Bianco – eine Cuvée aus Weißburgunder (70%) mit Pinot Grigio (15%) und Chardonnay (15%), wie sie vorher noch nie erzeugt wurde: im Barrique vergoren, aber nur dezent holzgeprägt, und auch von der Säure her eher rassig als malolaktisch.

Ganz anders der Cornell Chardonnay: ein dichter, von reifen Grapefruit- und Ananasaromen geprägter Wein, der den Toast des Barrique-Holzes mühelos wegsteckt. Die Trauben für ihn stammen aus Buchholz im Unterland. Superb der (nur im Edelstahl ausgebaute) Gewürztraminer: üppig, fast schwer mit feiner Botrytis und beinahe 15 Vol.% Alkohol, vielleicht eine Spur zu trocken ausgebaut.

Ähnlich ist die Situation bei den Roten. Dicht und dunkel der Lagrein aus Gries, etwas ernst und streng der ansonsten kraftvolle Blauburgunder »Schwarzhaus« (aus der höchsten Lage Girlans). Schließlich der Cornelius Cabernet Merlot (65% Cabernet Sauvignon, 35% Merlot). Er gehört zu den wenigen großen (und teuersten) Rotweinen Südtirols: dunkel wie Tinte, dabei viel süße Cassisfrucht und reifes Tannin, dazu ein pfeffriger, in Jahren, in denen die Trauben nicht voll ausreifen konnten, leicht grasiger Unterton. Er reift 20 Monate im Barrique.

KELLEREI SCHRECKBICHL/COLTERENZIO

■ Die Praedium-Weine

Unter den weißen Praedium-Weinen ragt der Weißburgunder »Weisshaus« heraus: In seiner fruchtbetonten, kräftigen Art ist er das Musterbeispiel eines Girlaner Pinot Bianco. Auch der in 400 Metern Höhe (bei Buchholz) gewachsene Chardonnay »Contessa Coret« liegt weit über dem Niveau vergleichbarer Weine. Unter den roten Praedium-Weinen ragt regelmäßig der Merlot »Siebeneich« heraus: ein dichter und dennoch feingewirkter Wein, sehr pfeffrig und mit kräftigem Tanninkorsett, der immer einige Jahre der Reife braucht, um sich zu entfalten. Der samtige, fruchtsüße Blauburgunder »St. Daniel« ist leichter und eher zugänglich als der »Schwarzhaus«.

■ Die Lafoa-Weine

Seine besten Lagen separat zu vinifizieren ist ein Privileg des Obmanns einer jeden Genossenschaft. Doch Luis Raifers auf 430 Meter Meereshöhe sich befindender Lafoa-Weinberg, gelegen zwischen Girlan und Schreckbichl, ist aus mehreren Gründen ein Grand Cru: Er ist sehr trokken und hat fast den ganzen Tag Sonne. Außerdem hat Raifer 6 000 Stöcke pro Hektar gepflanzt, und alle Reben wachsen am Drahtrahmen. Sein Ziel: hochklassige Südtiroler Weine mit einem »internationalen« Akzent zu erzeugen. So macht der im Barrique vergorene Sauvignon »Lafoa« mit größerer Komplexität und Langlebigkeit wett, was ihm an Typizität fehlen mag. Und beim reinrassigen Cabernet Sauvignon »Lafoa« werden Würze und Frucht mit einem eleganten, süßen Holzton unterlegt. Beides sind Hochgewächse, die einen Vorgeschmack auf das geben, was Südtirol in Zukunft hervorbringt.

GENOSSENSCHAFTSKELLEREIEN

Kellerei St. Magdalena

Brennerstr. 15, 39100 Bozen; Tel. 0471/972944, Fax 0471/981624
E-Mail: magdakg@dnet.it

Eine kleine, aber feine Genossenschaft, die mehr als nur St. Magdalener zu bieten hat. Zum Beispiel Cabernet Sauvignon, Lagrein und eine ganz neue Weinphilosophie.

■ Die Spitzenweine
Cabernet »Mumelterhof«, Lagrein Riserva »Taberhof«, Blauburgunder Riserva, klassischer St. Magdalener »Huck am Bach«.

■ Die Höfelinie
Chardonnay »Kleinstein«, Sauvignon »Mockhof«, Lagrein »Perlhof«, klassischer St. Magdalener »Stieler«.

■ Die Standardweine
Weißburgunder, Chardonnay, Pinot Grigio, Silvaner, Riesling, Müller-Thurgau, Veltliner, Sauvignon, Grauvernatsch, klassischer St. Magdalener, Blauburgunder, Lagrein Rosé, Lagrein.

Mitglieder: 66
Rebfläche: 130 ha
Gesamtproduktion: 10 000 hl
davon 0,75-l-Flaschen: 750 000
Vernatsch-Anteil: 70 %

■ Bewertung
Die Standardweine sind einfache, saubere Gewächse zum sofortigen Konsum. Die Qualität der Höfeweine liegt deutlich darüber und erreicht teilweise

Top-Niveau. Der Cabernet »Mumelterhof«, vor allem aber die Lagrein Riserva »Taberhof« sind Hochgewächse, die sich auch gegen andere große Südtiroler Weine behaupten können.

■ **Die Kellerei**

Sie liegt am nordöstlichen Stadtrand von Bozen: ein schmuckloser Funktionsbau, dessen Kern aus dem Jahre 1937 stammt, kurz nachdem die Genossenschaft von zwölf Weinbauern aus St. Magdalena gegründet worden war. Fast die gesamten Rebflächen befinden sich in und um die Stadt Bozen. Der Lage entsprechend konzentrieren sich die Genossen auf diejenigen Weine, die bei ihnen am besten gedeihen. Das ist zunächst einmal der St. Magdalener. Die Hälfte ihrer Rebflächen liegen im Anbaugebiet des klassischen St. Magdaleners. Da die Vernatsch-Traube in den hohen Lagen nicht mehr reif wird, haben die Genossen dort weiße Sorten gepflanzt. So hat die Kellerei ihr langjähriges Weißwein-Defizit ausgleichen können. Überdies reichen die Ausläufer der D.O.C.-Zone bis zu den Schwemmlandböden von Talfer und Eisack, so daß die Kellerei sich auch des Lagreins angenommen hat.

■ **Feiner St. Magdalener**

Beim St. Magdalener kann die Genossenschaft aus dem reichhaltigen Weinbergfundus vor ihrer Haustür schöpfen. So kommen aus ihrem Keller einige der schönsten St. Magdalener des Anbaugebietes, die an die große Magdalener-Tradition der 60er Jahre anknüpfen. Kellermeister Stefan Filippi ist allerdings der Auffassung, »daß der heutige St. Magdalener nicht der gleiche Wein ist, den die Vorfahren tranken«. Er ist geschmeidiger, weicher, fruchtiger – und weniger rauh und stielig als früher. Sein einfacher St. Magdalener und sein »Stieler« entsprechen eher dem traditionellen Typus: Es sind samtige, leichte Fruchtweine, nur im Edelstahl ausgebaut, der »Stieler« etwas gehaltvoller und schon ein Wein zum Essen, sein kleinerer Bruder mehr ein Durstlöscher. Seinen Ehrgeiz legt Filippi, dessen Vater schon

der Genossenschaft diente, in den klassischen St. Magdalener »Huck am Bach«: ein mit feinem Kirschen- und Veilchen-Parfüm und nicht zu intensivem Mandelton ausgestatteter Wein, der reif, weich und füllig wirkt. Huck am Bach heißt der größte geschlossene Hof in St. Magdalena. Er liegt im Herzstück des Rittenhangs – eine Art Grand Cru des Vernatsch.

■ Mehr als St. Magdalener

Freilich ist Filippi, ein Zweimetermann, der sein Handwerk an der Weinbauschule in San Michele und später bei Lageder gelernt hat, jeglicher romantisierender Vernatsch-Schwärmerei unverdächtig. Er hat beizeiten nach Alternativen zum Vernatsch gesucht – und sie gefunden. Der Cabernet »Mumelterhof« wächst direkt neben dem Kirchlein von St. Magdalena, »in der wärmsten Lage der Zone«: ein muskulöser, dichtgewirkter Wein mit geschliffener Frucht und weichem, im kleinen Holzfaß glattpoliertem Tannin. Ein Wein, der auch in kleinen Rotweinjahren wie 1998 sehr gute Qualitäten bringt – bessere als an vielen Stellen Kalterns und des Unterlands, die als erstklassige Cabernet-Standorte gelten. Beweis genug für die Feststellung, daß in St. Magdalena große Rotweine wachsen können und der Vernatsch überrepräsentiert ist.

■ Erfolg mit Lagrein

Den größten Erfolg aber hat die Genossenschaft in den letzten Jahren jedoch mit ihren beiden Lagrein errungen. Der Lagrein »Perlhof« wächst am Fuße des Ritten auf kieshaltigen Schwemmlandböden: ein warmer, weicher Wein mit geschliffener, auch in kleinen Jahren reifer Frucht. Er wird zu 20% in Barriques, zu 80% in mittelgroßen Holzfässern ausgebaut. Überragend ist der Lagrein vom »Taberhof«, einem Weingut mitten in Gries: eine Frucht- und Tanninbombe, extrem konzentriert und zu 100% in Barriques gereift. Der 97er hat in einer Blindprobe alle anderen Lagrein-Weine aus dem Feld geschlagen.

■ Die Weißweine

Beim Weißwein besteht für die St. Magdalener noch Nachholbedarf. Er macht kaum mehr als 10% der Produktion aus. Dennoch sehr gut ist der Chardonnay »Kleinstein« mit seiner zarten, oft erst nach einem Jahr sich entwickelnden Frucht und dem dezenten Holzton. Er wächst in 550 Metern Höhe am steilen Ritten-Hang. Der Sauvignon reicht dagegen noch nicht an die Qualität der besten Terlaner heran. Die einfachen Weißweine sind frische, delikate Tropfen für den sofortigen Konsum, oft mit ein paar Gramm Restsüße abgerundet.

■ Versuch mit Blauburgunder

Da in St. Magdalena immer schon ein wenig Lagrein und Blauburgunder (im gemischten Satz mit Vernatsch) gepflanzt wurden, ist Filippi auf die Idee gekommen, eine Parzelle ganz mit Blauburgunder zu bestokken. Sie steht jetzt neben dem Mockhof (von dem der Sauvignon kommt) in 500 Metern Höhe. Die ersten Jahrgänge haben einen bemerkenswert kräftigen, vielschichtigen Wein mit schönem Kirsch- und Pflaumenaroma hervorgebracht, der ebenfalls die Chance hat, sich in der Spitze Südtirols zu etablieren. Mit einer weiteren Überraschung werden die Genossen im dritten Jahrtausend aufwarten: einem Merlot. Die Reben sind schon gepflanzt.

GENOSSENSCHAFTSKELLEREIEN

Kellerei St. Michael/Eppan

Umfahrungsstr. 17/19, 39057 St. Michael/Eppan; Tel. 0471/664466, Fax 0471/660764; E-Mail: kellerei@stmichael.it, Internet: www.stmichael.it

Keine andere Genossenschaft erzeugt so feinfruchtige und teilweise langlebige Weißweine wie die Kellerei aus St. Michael/Eppan. Jetzt setzen die Genossen ihren Ehrgeiz in Rotweine.

■ Die Spitzenweine

»Sanct-Valentin«-Linie mit Sauvignon, Gewürztraminer, Chardonnay, Pinot Grigio, Blauburgunder, Cabernet Sauvignon, Comtess, Brut.

■ Die Lagenweine

Riesling »Montiggl«, Chardonnay »Merol«, Sauvignon »Lahn«, Weißburgunder »Schulthauser«, Vernatsch »Pagis«, Blauburgunder Riserva.

■ Die Standardweine

Chardonnay, Weißburgunder, Weißburgunder »Hilberhof«, Ruländer, Müller-Thurgau, Gewürztraminer, Goldmuskateller, Edelvernatsch »Kalvarianberger«, Grauvernatsch, Kalterer »Eppaner Justiner«, Kalterersee Auslese »Sattel«, St. Magdalener, Lagrein Kretzer, Blauburgunder »Nofnerhof«, Lagrein Cabernet.

Mitglieder: 300
Rebfläche: 280 ha
Gesamtproduktion: 20 000 hl
davon 0,75-l-Flaschen: 1,2 Mio.
Vernatsch-Anteil: 50 %

■ Spezialität

Sanct Valentin Brut: ein feiner Schaumwein, der nach der klassischen Flaschengärmethode aus Chardonnay- und Pinot-Nero-Trauben gewonnen wird.

■ Bewertung

Das Weißwein- und Vernatschsortiment ist ohne Schwächen und bietet nicht nur beste Qualität auf seinem Niveau, sondern auch Typizität. Unter den Lagenweinen ragt der »Schulthauser« heraus. Die Sanct-Valentin-Weine sind Spitzengewächse im nationalen Maßstab – zumindest die weißen.

■ Die Kellerei

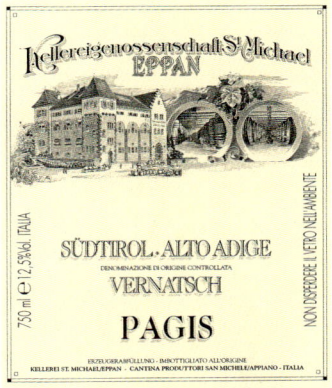

Sie gilt baulich als die schönste unter den Südtiroler Genossenschaften. 1907 im österreichischen Jugendstil erbaut, ist sie nach den Weltkriegswirren nie mehr vollendet worden. Der fehlende Südflügel wurde in den 80er Jahren durch einen modernen Flachbau ersetzt, in dem sich Verwaltung und Verkaufsraum befinden. Mitgliederzahl und Rebflächen sind in den letzten Jahren beständig gewachsen – Resultat des Renommees, das diese Kellerei besitzt. Mit ihrem relativ hohen Weißweinanteil (50 %) nimmt sie eine Sonderstellung unter den Kellereigenossenschaften ein, die sie auch qualitativ umgesetzt hat. Hans Terzer hat St. Michael/Eppan in die absolute Spitzengruppe der Südtiroler Weinerzeuger geführt – genauer: der Weißweinerzeuger.

■ Der Weißweinmagier

Der »Süditaliener« wird Terzer scherzhaft von seinen Genossen genannt, weil er aus Kurtatsch im Unterland stammt. Nach den Lehrjahren bei der Kellerei Tiefenbrunner und in der Laimburg ist er 1977 als Kellermeister nach St. Michael gekommen. Seitdem hängt ihm das Etikett des »Weißweinmagiers« an. Den Ruf hat er sich vor allem mit dem Weißburgunder »Schult-

hauser« aus der gleichnamigen, 17 Hektar großen Lage in Eppan-Berg erworben: ein schlanker, hefefrischer Wein, in dem die Typik des Eppaner Weißburgunders hervorragend zur Geltung kommt – etwa die straffe Säure und das feine Apfel-Birnen-Aroma. Der Wein wird konsequent im Edelstahltank ausgebaut. Mit 140 000 Flaschen ist er der wichtigste Wein der Kellerei. Das große Renommee aber haben die »Sanct-Valentin«-Weine gebracht – jeweils Selektionen besten Lesegutes, benannt nach dem gleichnamigen Schloß oberhalb von Eppan.

■ Sanct-Valentin-Weißweine

Herausragend der »Sanct-Valentin«-Sauvignon: ein konzentrierter, exotisch-fruchtiger Wein mit pikantem Holunder- und Cassisduft sowie feinen Honigtönen. Fast schon ein Mythos: Seit Jahren liegt dieser Sauvignon bei Vergleichsverkostungen mit anderen Südtiroler Weinen vorne. Von ähnlichem Kaliber ist der Gewürztraminer: ein wuchtiger, alkoholreicher, mit feinsten Rosen-, Lychee- und Feigenaromen vollgepackter Wein, der fast trocken ausgebaut wird. Zusammen mit dem Sauvignon ist er der einzige Wein der »Sanct-Valentin«-Linie, der nur im Edelstahl ausgebaut wird. Alle anderen »Sanct-Valentin«-Weine werden im Barrique vergoren. »Das Barrique ist das einzige Mittel, um langlebige Weine zu bekommen«, bekennt Terzer. Am besten altert sein Pinot Grigio, der nach fünf oder sieben Jahren mit feinsten Quitten- und Honigtönen aufwartet und fast an einen üppigen Elsässer Tokay erinnert. Jedenfalls ist er der beste Wein dieser Sorte in ganz Italien. Bleibt der Chardonnay: Er ist, bei aller Klasse, nicht ganz so bezwingend und konkurrenzlos wie die anderen Weine. 1997 hat Terzer einen Süßwein erzeugt: den Comtess Sanct Valentin. Er wurde aus spät gelesenen und teilgetrockneten Trauben der Sorten Gewürztraminer, Riesling und Sauvignon gekeltert.

■ Auf zu neuen Rotweinufern

Inzwischen gilt Terzers Ehrgeiz den Rotweinen. Ein großer Wurf ist ihm erstmals mit dem 94er »Sanct-Valentin«-Cabernet gelungen (Trauben aus Kaltern und Kurtatsch): ein ungemein dichter, fast fetter Wein mit glattem Tannin und ohne jene krautige Note, die das Trinkvergnügen bei so vielen Südtiroler Cabernets beeinträchtigt. Auch der »Sanct-Valentin«-Blauburgunder (Trauben aus Girlan und Montan) ist ausgesprochen gut gelungen, obwohl er von der Perfektion noch ein gutes Stück entfernt ist.

■ Die »Lagen«-Linie

Die »Sanct-Valentin«-Weine sind die Perlen im Sortiment der Genossen. Da von ihnen jeweils 15 000 Flaschen und mehr produziert werden, geht ein erheblicher Teil des Lesegutes in diese Spitzenlinie. Zu den Weinen der mittleren Linie klafft denn auch eine spürbare Lücke (dafür kosten diese auch nur die Hälfte). Am besten gefiel mir in den letzten Jahren der Chardonnay »Merol« (teilweise Barrique und malolaktische Gärung). Der Sauvignon »Lahn« wirkt dagegen spröde mit seiner aggressiven Säure und dem allzu pikanten Aroma, das wiederum dem Riesling »Montiggl« fehlt. Gut gelungen sind der Vernatsch »Pagis« und die Blauburgunder Riserva (Trauben aus Mazon). Beide Weine sind Leichtgewichte, was ihre Struktur angeht, gefallen aber mit ihrer schönen, ausdrucksvollen Frucht.

■ Die klassischen Weine

Daß der allergrößte Teil der Trauben aus dem Überetsch, speziell der Eppaner Gegend kommt, ist dem Basissortiment anzumerken. Hier überzeugen besonders die Weißweine mit ihrer klaren Frucht und der frischen Säure, allen voran Weißburgunder und Chardonnay. Die Rotweine sind fruchtbetont und typische, wenn auch recht brave Vertreter ihrer Rebsorte. Da zahlreiche neu bestockte Lagen bald in Produktion gehen, sind jedoch weitere Qualitätssteigerungen, auch bei den Rotweinen, vorprogrammiert.

GENOSSENSCHAFTSKELLEREIEN

Kellerei St. Pauls

Schloß Warthstr. 21, 39050 St. Pauls/Eppan
Tel. 0471/662183, Fax 0471/662530

Die Genossen der Kellerei St. Pauls gehören zu den Stillen im Lande. Dabei haben sie nichts zu verbergen – außer der guten Qualität ihrer Weine.

■ Die Spitzenweine

Weine der »Di-Vinus«-Linie: Chardonnay, Merlot, Blauburgunder.

■ Die Höfelinie

Fünf Weine unter der Bezeichnung »Exclusiv«: Weißburgunder »Plötznerhof«, Sauvignon »Gfillhof«, Pinot Grigio »Egg-Leiten«, Vernatsch »Sarnerhof«, Lagrein Riserva »Gries«.

■ Standardweine

Rund 18 Weine aus verschiedenen Südtiroler Rebsorten.

■ Bewertung

Alle Weine ohne Fehl und Tadel. Die Spitzenweine besitzen jedoch wenig stilistische Dramatik. Außerdem fehlt es noch an Struktur und Konzentration, um sich deutlich von der Mittellinie zu unterscheiden. Beim Weißburgunder und Sauvignon merkt man, daß aus dem vollen geschöpft werden kann.

Mitglieder: 210
Rebfläche: 170 ha
Gesamtproduktion: 15 000 hl
davon 0,75-l-Flaschen: 500 000
Vernatsch-Anteil: 60 %

■ Die Kellerei

Sie liegt gleich neben dem schmucken Barockkirchlein von St. Pauls, einem Ortsteil von Eppan Berg. Der weithin sichtbare Spitzzwiebelturm ist eines der am häufigsten fotografierten Motive in Südtirol. Die Kellerei, die bereits 1907 gegründet wurde, zählt zu den mittelgroßen Genossenschaften. Sie ist größer als die benachbarte Andrianer Kellerei, aber wesentlich kleiner als die Genossenschaft in St. Michael/Eppan. Ihre Mitglieder stammen fast ausschließlich aus St. Pauls, Missian sowie dem Eppaner Bereich. Dort liegen auch die meisten Rebflächen.

■ Selten Schlagzeilen

Die Weine der St. Paulser Genossen machen nur selten Schlagzeilen. Doch sollte daraus nicht geschlossen werden, sie gäben Anlaß zum Tadel. Es fehlt dem Sortiment nur der mitreißende Spitzenwein. Das Basissortiment ist von solider Qualität: fruchtbetonte Weißweine mit milder Säure, samtige, milde Vernatsch-Weine zum unbeschwerten Genuß sowie brave Lagrein und Merlot. Das mittlere Sortiment ist dagegen anspruchsvoller. Der Weißburgunder »Plötznerhof«, aus der höchsten Lage Eppans kommend (650 Meter), ist der duftigste und – wenn er ausreift – charakteristischste Weißwein des Betriebes. Der üppige Pinot Grigio »Egg-Leiten«, sein Gegenstück, wächst am Fuß des Hügels von Missian (20% Barriques). Der Sauvignon »Gfillhof« ist von typischer Terlaner-Art: kräftig, bissig, holunderduftig. Die Lagrein Riserva, von zwei Höfen in Gries stammend, gehört zu den guten, aber nicht herausragenden Weinen ihrer Art in Südtirol.

■ Neue Barrique-Weine

Die »Di-Vinus«-Weine bilden die Spitzenlinie. Es handelt sich bei ihnen um Auslesen von den besten Weinberglagen. Zwischen 5000 und 8000 Flaschen werden abgefüllt. Der Chardonnay hat trotz Barrique-Vergärung und biologischem Säureabbau seine Fruchtigkeit nicht verloren. Der Blauburgunder zeigt zarte Kirschnoten im Aroma, dazu leicht röstige Töne. Der Merlot wächst auf lehmig-sandigen Böden auf der Siebeneich gegenüber liegenden Talseite bei Missian. Siebeneich wird oft als beste Merlot-Gemeinde Südtirols bezeichnet. Alle diese Weine werden im Barrique ausgebaut.

GENOSSENSCHAFTSKELLEREIEN

Südtiroler Weinbauernverband

Umfahrungsstr. 17, 39057 St. Michael/Eppan; Tel. 0471/660060,
Fax 0471/663631; E-Mail: wbv@rolmail.net, Internet: www.italwines.com

Als Genossenschaft zweiten Grades, die Jungwein kauft, ausbaut und abfüllt, steht der Weinbauernverband etwas im Schatten der ruhmreichen Südtiroler Kellereien.

■ Die Cru-Weine

Es sind rund 17 Weine von ganz ausgesuchten Höfen, darunter Weißburgunder »Eggerhof«, Chardonnay »Zobelhof«, Ruländer »Unterebnerhof«, Riesling »Klausnerhof«, Gewürztraminer »Schloßhof«, Kalterersee Auslese »Schwenkelhof«, klassischer St. Magdalener »De Ferrari«, Blauburgunder »Schloßhof«, Lagrein »Pischlhof«, Cabernet »Schloßhof«.

■ Einfache Qualitätsweine

Knapp zehn Weine verschiedener Südtiroler Rebsorten einschließlich Lagrein und Cabernet Riserva.

■ Die Literweine

Etwa zehn verschiedene Qualitätsweine, überwiegend der Sorte Vernatsch.

Mitglieder: 7 Kellereien
Rebfläche: keine
Zukauf: 100 %
Produktion: 30 000 hl
davon 0,75-l-Flaschen: 25 %
Vernatsch-Anteil: 80 %

SÜDTIROLER WEINBAUERNVERBAND

■ Bewertung

Die Qualitäten reichen vom schlichten Törggelwein über den braven Tischwein bis hin zum anspruchsvollen Selektionswein zu konsumentenfreundlichen Preisen.

■ Der Betrieb

Er befindet sich im Gebäude der Kellerei St. Michael/Eppan. Vor etwa 20 Jahren gegründet, hat sich der Südtiroler Weinbauernverband als hilfreiche Institution zur Vermarktung des einheimischen Weines erwiesen, vor allem des Vernatsch. Rund 4 Millionen Flaschen laufen durch die Bücher dieser Dachorganisation von sieben großen Südtiroler Genossenschaftskellereien: Schreckbichl, St. Michael/Eppan, Gries, Burggräfler, Nals & Margreid-Entiklar, Tramin und Kurtatsch.

Die Hauptaufgabe besteht darin, von diesen Genossenschaften Jungwein aufzukaufen, auszubauen, unter eigenem Etikett abzufüllen und über eigene Kanäle zu vermarkten, und zwar (fast ausschließlich) auf den Exportmärkten. Dabei handelt es sich zumeist um einfache Zechweine in der Literflasche, die unter Bezeichnungen wie »Appiano Monte« (Chardonnay) oder »Schreckbichler Wolfhof« (Edelvernatsch) in den Handel kommen.

■ Gehobene Qualitäten

Es werden aber auch gehobene Qualitäten in der 0,75-l-Flasche abgefüllt. Sie heißen Cru-Weine und kommen von ausgesuchten Höfen. Unter diesen Weinen finden sich zahlreiche solide, bisweilen auch überraschend feine Weine, die zu außerordentlich günstigen Preisen angeboten werden und qualitativ deutlich über dem Niveau mancher Privatkellerei und vieler Eigenbau-Winzer liegen. Dazu gehören zum Beispiel der schotige Terlaner Sauvignon, der dezent fruchtige Ruländer »Unterebnerhof«, der exquisite Chardonnay »Zobelhof«, der zartfruchtige Weißburgunder »Eggerhof« und der stoffige Gewürztraminer »Schloßhof«.

Geradezu überstrahlt wird das Sortiment von zwei Rotweinen: der samtigen, feinfruchtigen »Schloßhof« Blauburgunder Riserva und der Lagrein Riserva vom »Pischlhof«.

■ Auch Spitzenweine

Die zweite Aufgabe des Südtiroler Weinbauernverbandes besteht darin, bereits abgefüllte Weine der betreffenden sieben Genossenschaften unter deren Etikett über ihr eigenes Vertriebsnetz zu vermarkten. Da es sich dabei um Spitzenweine handelt, werten diese das Sortiment gehörig auf.

GENOSSENSCHAFTSKELLEREIEN

Kellerei Terlan

Silberleitenweg 7, 39018 Terlan; Tel. 0471/257135, Fax 0471/256224
E-Mail: office@kellerei-terlan.com

Die Terlaner sind Weißwein-Spezialisten. Abgehoben von allen Trends und Moden erzeugen sie Weine, die nicht nur gut schmecken, sondern auch Charakter haben und gut altern können.

■ **Die Spitzenweine**

Vier Selektionsweine: Sauvignon »Quarz«, Gewürztraminer »Lunare«, Terlaner »Nova Domus«, Lagrein »Porphyr«.

■ **Die Weingutsweine**

Acht Einzellagenweine: Weißburgunder »Vorberg«, Sauvignon »Winkl«, Chardonnay »Kreuth«, Pinot Grigio »Klaus«, Lagrein Riserva »Gries«, Blauburgunder Riserva »Montigl«, Cabernet Riserva »Siemegg«, Merlot Riserva »Siebeneich«.

■ **Die Standardweine**

Terlaner, Weißburgunder, Sauvignon, Chardonnay, Silvaner, Terlaner Welschriesling, Riesling, Müller-Thurgau, Pinot Grigio, Gewürztraminer, Vernatsch, Grauvernatsch, St. Magdalener, Bozner Leiten, Blauburgunder, Lagrein, Malvasier.

Mitglieder: 108
Rebfläche: 150 ha
Gesamtproduktion: 9 000 hl
davon 0,75-l-Flaschen: 350 000
Vernatsch-Anteil: 33 %

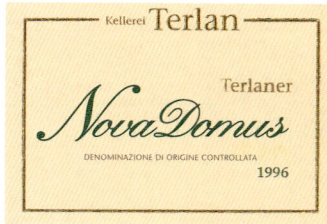 

■ **Spezialität**

Terlaner klassisch: ein uriger Wein aus der gleichnamigen, autochthonen Sorte, die nur noch auf einem Hektar vorhanden ist und in großen Jahren einen eleganten, robusten Zechwein ergibt. Seit 1993 allerdings nicht mehr separat abgefüllt.

■ **Bewertung**

Hohes Niveau bei Weinen aller Qualitätsstufen. Die Standardweine sind säurebetont und blühen mehr als nur einen Sommer. Die Weingutsweine sind im großen Eichenholzfaß ausgebaut und entsprechend weich und sortenbetont. Die im Barrique gereiften Selektionsweine werden erst spät freigegeben. Es sind gereifte Weine für Kenner, denen nichts an den Moden liegt.

■ **Die Kellerei**

Sie wurde 1893 als eine der ersten Südtiroler Genossenschaften gegründet. Seitdem hat sie sich vornehmlich dem Weißwein gewidmet. Die Vision, lagerfähige und gereifte Weißweine anzubieten, stammt von Sebastian Stocker, dem legendären Kellermeister von 1955 bis 1993. Er hatte die Eigenart, jedes Jahr ein paar hundert der besten Flaschen hinter dem Rücken der Obleute heimlich beiseite zu legen und erst nach zehn, 20 oder mehr Jahren zu entkorken. Viele dieser Altweine entpuppten und entpuppen sich jetzt als Juwelen. Heute wissen die Obleute, welche Schätze sie unter der Erde liegen haben. Ein 79er Terlaner Weißburgunder, 1995 getrunken, hatte feinstes Honig-Quitte-Bouquet entwickelt: Endstation Sehnsucht.

■ **Pflege typischer Sorten**

Mit 45% Weißweinanteil sind die Terlaner auch heute noch stark weißweinlastig. Der geographischen Lage und dem vergleichsweise kühlen Klima des Überetsch entsprechend stehen Weißburgunder und Sauvignon im Mittelpunkt. Aber auch Pinot Grigio und Chardonnay gedeihen in wärmeren Terlaner Lagen prächtig. Stocker-Nachfolger Hartmann Donà, ein Geisen-

heim-Absolvent, pflegt behutsam die Traditionen, wozu auch die Rückbesinnung auf alte Rebsorten gehört. Für ihn sind das der Terlaner, eine alte, vermutlich mit der Garganega-Traube aus dem Soave-Gebiet verwandte Sorte, der Vernatsch, der Lagrein und der Malvasier. Gleichzeitig will Donà aber nicht auf neue Akzente verzichten. So wurde der Faßweinkeller von den alten Kastanien- und Lärchenholzfässern befreit, die ihm Stocker hinterlassen hatte. Ein neuer unterirdischer »Chai« für kleine Barriques wurde angegliedert, und viele neue Fuder wurden angeschafft.

■ **Eindrucksvolle Klassiker**

In ihrer Kategorie besonders eindrucksvoll sind die Weine der klassischen Linie, allen voran Sauvignon, Weißburgunder, Terlaner und Chardonnay – also jene Weine, die die »Hausmacht« der Genossen bilden. Die Trauben für sie kommen aus dem gesamten Überetsch. Diese Weine wurden ausschließlich im Edelstahltank ausgebaut und brillieren mit sauberer, klarer Frucht und einer nervigen Säure. Aber auch die Rotweine wissen zu gefallen. Besonders delikat ist der Lagrein in seiner fruchtigen, nicht mit Holz beladenen Version, während der Blauburgunder demgegenüber etwas dünn wirkt.

■ **Die Weingutsweine**

Die Höfe, von denen früher die Spitzenweine der Terlaner Kellerei kamen, liefern heute die Weine der mittleren Linie. Schon daran ist ersichtlich, daß es sich um hochklassiges Lesegut handelt. Die Höfe liegen alle am Fuß des Tschögglbergs, also in der näheren Umgebung des Dorfes Terlan. Das Traubengut für diese Weine wird nach der Reife stark verlesen und der Wein rund zehn Monate lang in großen Eichenholzfässern ausgebaut. Darin machen sie,

gewollt oder ungewollt, einen teilweisen oder kompletten biologischen Säureabbau durch. Dadurch erhalten sie eine Fülle und Üppigkeit, die die klassischen Weine nicht aufweisen. Einige Weißweine werden sogar im Holzfaß vergoren.

Wie bei den klassischen Weinen ragen auch in der mittleren Linie der Weißburgunder »Vorberg« und der Sauvignon »Winkl« heraus. Freilich glänzt nicht alles. Einge Weine wirken zeitweise unfrisch. Manchem Roten fehlt es zwar nicht an Gradation, wohl aber an Konzentration, vor allem an Schliff.

■ Die Selektionen

Die eigentliche Novität sind die vier Selektionsweine, die das Spitzensegment bilden. Mit ihnen hat die Kellerei bei nationalen und internationalen Verkostungen große Erfolge feiern können. Sie sind aus den reinsten Trauben der Terlaner Spitzenlagen gekeltert und im Barrique vergoren (außer dem roten Lagrein). Herausragend sind der Terlaner Sauvignon »Quarz« mit feinstem Holunder- und Brennnesselbouquet sowie der Terlaner »Nova Domus« (50 % Weißburgunder, Rest Chardonnay und Sauvignon) mit seiner weichen Säure und dem schönen Birnenaroma. Der Gewürztraminer bringt feinste Aromanuancen an den Gaumen, besitzt aber nicht ganz die explosive Fülle der Traminer Hochgewächse. Sehr gut auch die Lagrein Riserva »Porphyr«. Sie kommt aus Gries und steht den großen Hochgewächsen von dort kaum nach. Alle diese Weine, auch die weißen, besitzen ein großes Reifepotential.

GENOSSENSCHAFTSKELLEREIEN

KELLEREI TRAMIN

Weinstr. 122, 39040 Tramin
Tel. 0471/860126, Fax 0471/860828

Auch wenn ungewiß ist, ob Tramin wirklich die Heimat des Gewürztraminers ist: Für die Genossen ist der Gewürztraminer ihr größter Wein.

■ Die Spitzenweine

Die Weine der »Selektion-Terminum«-Serie: Gewürztraminer »Nußbaumerhof«, Ruländer »Unterebnerhof«, Vernatsch »Freisingerhof«, Blauburgunder »Schießstandhof«, Lagrein »Urbanhof«.

■ Die Lagenweine

Die »Renommee«-Weine: »Hexenbichler« Vernatsch, Chardonnay »Glassien«, Gewürztraminer »Maratsch«, Blauburgunder »Mazzon«, Cabernet »Freising«.

■ Die klassische Linie

19 Weine aus den typischen Südtiroler Rebsorten, darunter Goldmuskateller und »Feuerrot« (Rosenmuskateller).

Mitglieder: 235
Rebfläche: 220 ha
Gesamtproduktion: 17 500 hl
davon 0,75-l-Flaschen: 450 000
Vernatsch-Anteil: 60 %

■ Spezialität

Gewürztraminer Passito: eine hochrangige Beeren- bzw. Trockenbeerenauslese des Gewürztraminers, die – entgegen dem

Namen – am Stock und nicht auf Stroh gereift ist.

■ Bewertung

Tadellose Standardweine, feine Lagengewächse und ein formidabler Gewürztraminer lassen all die Massen von unterklassigem Vernatsch vergessen, den die Traminer Genossen in ihrem Keller haben.

■ Der Betrieb

Die Genossenschaftskellerei in Tramin ist lange Jahre hinter den anderen Südtiroler Genossenschaften zurückgestanden und erst seit 1995 aus deren Schatten hervorgetreten. Vorher gab es zwar schon hoffnungsvolle Ansätze, doch war der Betrieb nahezu ganz auf Vernatsch ausgerichtet. Noch heute drückt sie der hohe Vernatsch-Anteil (sowie der hohe Anteil mittelmäßigen Cabernets). Große Mengen dieser Weine werden in der Literflasche vermarktet oder im Faß weiterverkauft, so daß sich die Kellerei mit ihrem tüchtigen Kellermeister Willi Stürz auf ihre Stärken besinnen und relativ unbeschwert von »Altlasten« arbeiten kann. Stürz hat im fränkischen Veitshöchheim studiert und arbeitet seit 1991 für die Kellerei. Seit 1995 trägt er die volle Verantwortung für deren Weine.

■ Stärken beim Rotwein

Die Stärken, das sind der Gewürztraminer und die dunklen Rotweine: Cabernet, Lagrein und Blauburgunder. Sie sind die Weine, die im Unterland die besten Qualitäten bringen – also da, wo sich der ganz überwiegende Teil der Rebflächen der Traminer Genossen befindet: in Tramin, Neumarkt, Auer und Montan. Gerade 15% der Gesamtproduktion werden auf 0,75-l-Flaschen abgefüllt. Das mag wenig sein. Doch ist damit sichergestellt, daß wirklich nur die Creme in die Normalflasche kommt. Tatsächlich hat sich das Niveau der Traminer Weine in den letzten Jahren auffällig verbessert. Beim Gewürztraminer nehmen die Genossen mittlerweile eine Spitzenstellung in Südtirol ein. Beim Cabernet gehören sie seit 1998 in die oberste Kategorie. Beim Lagrein

haben sie gute Chancen, den Grieser Kollegen Paroli zu bieten.

■ **Konstante Qualität**

Die Weine der klassischen Linie sind tadellos und von konstanter Qualität. Als Besonderheiten ragen aus der breiten Palette der Weißburgunder (mit zartem Williamsbirnen- und Veilchenparfüm), der rassige Chardonnay (nur im Edelstahltank ausgebaut), der vollmundige Sauvignon aus Montan (mit reifem Stachelbeer- und Maracujaaroma) sowie der Gewürztraminer heraus. Die Weine der mittleren Linie heben sich durch die größere Fülle deutlich ab von den Basisweinen. Sie werden im Stahltank oder im großen Holzfaß ausgebaut und kommen aus jenen Gemeinden des Unterlands, in denen die betreffende Sorte ideale Wuchsbedingungen vorfindet. Der trockene Gewürztraminer »Maratsch« mit seinem kräftigen Körper und dem zarten Trockenblumenduft sowie der mittelgewichtige, fruchtig-weiche Cabernet »Freising« aus Rungg (zwischen Tramin und Kurtatsch) verdienen eine besondere Erwähnung. Die Genossen selbst sind besonders stolz auf den »Hexenbichler«, ihren besten Vernatsch, der eigentlich eine Kalterersee Auslese ist.

■ **Edler Gewürztraminer**

Die Spitzenweine machen zwar nur 1 % der Gesamtproduktion aus, doch haben sie, wie üblich, am meisten zu dem Imagewandel der Kellerei beigetragen. Das gilt in erster Linie für den Gewürztraminer »Nußbaumerhof«. In ihm konzentriert sich der ganze Ehrgeiz der Genossen. Nur wenige Gewürztraminer können sich mit ihm messen. Viele Beobachter halten ihn für den besten Gewürztraminer Südtirols. Er ist ein opulenter Wein mit 14 Vol.% Alkohol und mehr, verströmt ein edles Lychee- und Teerosenbouquet und wartet im Hintergrund mit feinsten Honigtönen auf. Seine ganze Klasse beweist er erst

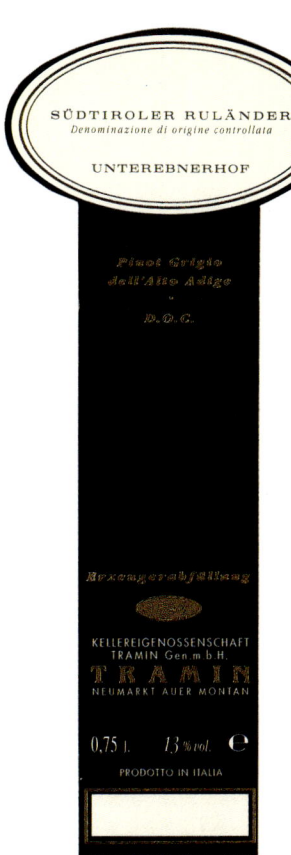

■ Neue Rotweingeneration

Auch die anderen Weine der »Riserva«-Linie sind von bemerkenswerter Qualität. Zum Beispiel der kräftige und gleichzeitig nervige Ruländer »Unterebnerhof« (mit 15% Barrique-Anteil), der kernige, herzhafte Vernatsch »Freisingerhof« (ohne Lagrein-Verschnitt) oder der pfläumchenfruchtige Blauburgunder »Schießstandhof« (100% Barrique). Von den Schotterböden Auers und Neumarkts kommt der Lagrein »Urbanhof«, der viel Tannin und Amarenakirsche mitbringt. Die Cabernet Riserva (mit 30% Cabernet franc) ist der einzige »Selektion-Terminum«-Wein, der nicht von einem Hof, sondern aus drei verschiedenen Weinbergen bei Rungg, Auer und Montan kommt. War der erste, der 95er Jahrgang, noch etwas flau, bringt der 97er seine ganze Kraft auf den Punkt: ein vielversprechender Beginn für eine neue Generation hochwertiger Südtiroler Rotweine.

nach fünf bis sechs Jahren, wenn er eine goldgelbe Farbe angenommen und sich ganz entfaltet hat. Die Trauben werden nie vor Mitte Oktober gelesen, ein kleiner Teil sogar erst im November. Dann wird der Most nach einer kurzen Hülsenmazeration im Edelstahltank vergoren und ausgebaut. Am Ende besitzt der Wein zwischen 6 und 10 Gramm Restzucker.

Privatkellereien

PRIVATKELLEREIEN

ARUNDA-VIVALDI

Dorf 53, 39010 Mölten
Tel. 0471/668033, Fax 0471/668229

Sie ist nicht die älteste, aber die höchstgelegene Sektkellerei der Welt. Josef Reiterer glaubt, daß auch in der Höhe ein Geheimnis für die Qualität seiner Schaumweine liegt.

■ Die Spitzencuvées
Riserva Millesimé, Blanc de Blancs, Cuvée Marianne.

■ Die anderen Schaumweine
Brut, Extra Brut, Rosé.

■ Spezialität
Cuvée Marianne: eine aus 80 % Chardonnay und 20 % Pinot Nero zusammengestellte Cuvée, bei der der Chardonnay im Barrique vergoren wurde.

■ Bewertung
Schon der einfache Brut besitzt Klasse und Charakter. Die Riserva und der Blanc de Blancs sind hochklassig und liegen, trotz ihrer Andersartigkeit, auf dem Niveau guter Prestige-Cuvées von Champagnern.

Rebfläche: keine
Zukauf: 100 %
Produktion: 60 000 Flaschen
Vernatsch-Anteil: null

■ Der Betrieb
Er liegt oberhalb von Terlan knapp 1200 Meter hoch auf

dem sonnigen Hochplateau des Tschöggelberges, wo sich das Bergdorf Mölten mit seinen weit verstreut liegenden Höfen befindet. Stehen müde Bergwanderer staunend vor dem unscheinbaren Kellereigebäude, tritt ein wohlgelaunter Mann mit Janker und blauer Schürze aus dem Keller, schmettert ihnen ein fröhliches »Grüßt euch« entgegen und lädt zu einem Glas Schaumwein ein. Das ist Josef Reiterer. Auch wenn er einen großen Teil seines Lebens in Deutschland und auf Sizilien verbracht hat, so ist er unverkennbar Südtiroler geblieben.

▪ Berg-Schaumwein

1957 hatte der 15jährige Bergbauernsohn Mölten verlassen, um in der Ferne Arbeit zu finden. An der Weinbauschule Bad Kreuznach machte er eine Weinbaulehre, arbeitete danach bei einem bekannten Hersteller von Weinfilterapparaten und wurde später dessen Repräsentant in Italien.

1975 kehrte er nach Mölten zurück. Seine Idee: hochklassige Sekte aus Südtiroler Trauben herzustellen. Schon 1976 konnte er die ersten 300 Flaschen abfüllen. Mit finanzieller Hilfe eines sizilianischen Weinhandelsunternehmens gründete er die Kellerei Arunda-Vivaldi. (Unter letzterem Namen werden die Sekte in Italien vertrieben.) Seitdem kommen aus Mölten einige der schönsten Schaumweine Italiens: alle nach der klassischen (Champagner-) Methode hergestellt, mit eigenen, in Mölten kultivierten Hefestämmen zweitvergoren, mineralisch-fruchtig, leicht säurebetont, mit sehr niedriger Zuckerdosage (Brut) oder staubtrocken, selbstverständlich handgerüttelt.

▪ Hochklassige Prestige-Sekte

Seine Grundweine bezieht Reiterer von den Südtiroler Genossenschaften: Weißburgunder aus Terlan und Schreckbichl, Pinot Nero aus Mazon und Eppan, Chardonnay aus Salurn. Aus diesen drei Sorten wird die Cuvée seines Brut und Extra Brut (24 Monate Flaschenlagerung) zusammengestellt. Im Laufe der Jahre hat Reiterer daneben ein Sortiment exzellenter Prestige-Sekte entwickelt: Zum Beispiel den hochfeinen und dennoch kräftigen Blanc de Blancs (100 % Chardonnay, 36 Monate Flaschenlagerung) oder die überragende Riserva Millisimé (60 % Chardonnay, 40 % Pinot Nero, 56 Monate Flaschenlagerung), ein Schaumwein, der seine wahren Qualitäten erst nach zehn Jahren zeigt, wenn er goldgelb, cremig, abgeklärt und dennoch hefefrisch ist.

JOSEF BRIGL

St.-Florian-Str. 8, 39050 Girlan; Tel. 0471/662419, Fax 0471/660644
E-Mail: brigl@brigl.com, Internet: www.brigl.com

Ignaz Brigl repräsentiert das traditionelle Südtirol. Er bricht noch heute eine Lanze für den Vernatsch und bedauert zutiefst, daß diese Sorte an Renommee verloren hat.

■ Die Meisterlinie

Chardonnay »Thurnerhof«, Riesling »Kreuzbichler«, Blauburgunder, Blauburgunder »Kreuzbichler«, Cabernet, Lagrein »Gries«.

■ Die Höfelinie

18 Rebsortenweine von sieben verschiedenen Höfen, darunter Gewürztraminer »Windegg«, St. Magdalener »Rielerhof«, Kalterersee Auslese »Keil«.

■ Die Normallinie

Rund 22 verschiedene Rebsortenweine, die Roten überwiegend aus der Sorte Vernatsch.

■ Bewertung

Trotz Edelstahltanks und pneumatischer Pressen ist die Zeit in diesem Betrieb stehengeblieben. Der Stil der Weine entspricht kaum mehr den gehobenen Geschmacksansprüchen von heute.

Rebfläche: 40 ha
Zukauf: 66 %
Produktion: 400 000 Flaschen
Vernatsch-Anteil: 55 %

■ Der Betrieb

Die Kellerei Josef Brigl verfügt über den eindrucksvollsten Weinbergbesitz in Südtirol. Er umfaßt neun Höfe in besten Südtiroler Lagen. Sie wurden seit den 30er Jahren von der Familie Brigl Schritt für Schritt erworben. Dennoch taucht der Name Brigl in den Berichten der Fachpresse heute kaum mehr auf. Das mangelnde Interesse hat Gründe. Viele Beobachter haben den Eindruck, daß die Brigl-Weine qualitativ unter den Möglichkeiten bleiben, die die guten Lagen bieten. Außerdem setzt Inhaber Ignaz Brigl, übrigens ein wandelndes Lexikon des Südtiroler Weines, noch immer stark auf die Sorte Vernatsch – und überschätzt dabei ihre qualitative Bedeutung. So hält er unbeirrt an seiner Überzeugung fest, »daß der Kalterer noch heute ein gefragter Wein wäre, wenn er nicht von der Presse heruntergeschrieben würde«.

■ Gegen Hochpreispolitik

Österreich, Deutschland, die Schweiz und Amerika sind Brigls wichtigste Abnehmerländer. Ein Teil seines Weines wird noch im Faß verkauft. In Südtirol (bzw. Italien) bleiben nur mehr 5% seiner Weine. Brigl, der zusammen mit seinem Sohn Josef das Unternehmen leitet (1999 wurde die neue Zentralkellerei in St. Michael/Eppan bezogen), ist ein Gegner der Hochpreispolitik. Seine Weine liegen preislich um etwa 30% unter vergleichbaren Genossenschaftsweinen.

■ Traditioneller Stil

Nicht alle von Brigls Weinen genügen immer gehobenen Ansprüchen. Viele Weißweine weisen deutliche Nebentöne auf, während Brigl sich bei den Rotweinen mit seinen Überzeugungen oftmals selbst im Weg steht – etwa der, ein Südtiroler Cabernet habe »wild« zu sein. Die meisten sind von sehr traditioneller Stilistik: der Lagrein mager, der Blauburgunder (der Meisterlinie) mit Weihrauchtönen, der Cabernet grasig. Der berühmte »Kreuzbichler« Blauburgunder, der Brigl noch in den 60er Jahren zum bevorzugten Lieferanten der wohlhabenden Südtiroler Kreise gemacht hatte, ist zwar von mächtiger Struktur, aber grob, stielig und unfrisch. Am ehesten wissen die klassischen St. Magdalener zu überzeugen, insbesondere die vom Rieler- und Ihlerhof, sowie die Kalterersee Auslese »Keil«. Sie alle können auf Schloß Windegg in Kaltern verkostet werden, wo Brigl ein Weinlokal mit Vinothek eröffnet hat.

Casòn Hirschprunn

St.-Gertraud-Platz 5, 39040 Margreid; Tel. 0471/809590, Fax 0471/809591
E-Mail: info@lageder.com

Mit Cuvées, die auf Pinot Grigio und Merlot basieren, gibt Alois Lageder ein weiteres Stück Tradition preis: Die Rebsorte tritt in den Hintergrund, das »Terroir« in den Vordergrund.

■ Die Spitzenweine
Contest, Casòn.

■ Die Zweitweine
Etelle, Corolle.

■ Die anderen Weine
Chardonnay, Sauvignon, Pinot Grigio, Gewürztraminer.

■ Bewertung
Mit viel Intuition zusammengestellte Cuvées, deren üppige Fülle das warme Kleinklima Margreids widerspiegelt. Die Spitzencuvées besitzen eine eigene, durchaus ungewohnte und spektakuläre Stilistik.

Rebfläche: 32 ha
Zukauf: keiner
Gesamtproduktion: 1 800 hl
davon 0,75-l-Flaschen: 135 000
Vernatsch-Anteil: 8 %

■ Der Betrieb
Im Jahre 1992 bot sich Alois Lageder, dem Inhaber der bekannten Margreider Kellerei, die Chance, einen alten Südtiroler Ansitz mit 32 Hektar Reben zu erwerben. Er hieß Hirschprunn

und liegt am Marktplatz von Margreid, nur ein paar Schritte von Lageders eigenem Ansitz Löwengang entfernt. Der Ansitz, dessen Ursprünge in das Jahr 1681 zurückgehen, war zuletzt im Besitz der Kurie von Trient. Sie bewirtschaftete die Weinberge auf den sandigen, kalkhaltigen Schotterböden um Margreid, verkaufte allerdings den größten Teil der Trauben. Lageder nutzte die Chance und erwarb Hirschprunn. Seine Überlegung: unabhängig von der Weinproduktion seiner Hauptkellerei mit neuen Cuvées zu experimentieren.

■ **Vier Cuvées**

Seitdem kommen aus dem Keller von Hirschprunn eine weiße und eine rote Cuvée, die den Anspruch erheben, erste Gewächse zu sein. Die weiße Cuvée heißt Contest und besteht hauptsächlich aus Pinot Grigio (40 %). Dazu kommen 30 % Chardonnay und 30 % andere Sorten (Sauvignon, Riesling, Chenin blanc, Sémillon, Marsanne, Roussanne und Viognier). Die rote Cuvée heißt Casòn. Ihre Basis bildet die Merlot (60 %), dazu kommen 25 % Cabernet Sauvignon und Cabernet franc sowie 15 % andere Sorten als Traubenverschnitt (Lagrein, Petit Verdot, Syrah). In diese beiden Weine geht nur bestes Lesegut aus eigenem Anbau ein. Aus dem restlichen Lesegut (höhere Erträge, geringerer Anteil von alten Reben) werden der weiße Etelle und der rote Corolle erzeugt. Diese Zweitweine weisen ein ähnliches Mischungsverhältnis auf wie die Spitzenweine.

■ **Eigene Stilistik**

In den warmen Lagen von Margreid entstehen volle, sehr reife Rotweine mit weichem Tannin, die wegen der Temperatursprünge zwischen Tag und Nacht zugleich viel Frucht mitbringen. So entstehen attraktive Weine: der reiche, ebenmäßig glatte Casòn (rund 20 Monate in Barriques, 50 % davon neu) und der elegantere Corolle. Die ersten Jahrgänge haben gezeigt, daß sie schon früh mit großem Genuß trinkbar, gleichwohl lange lagerfähig sind. Die weißen Trauben wachsen höher am Hang. Der Contest (zwölf Monate in Barriques, 50 % neues Holz) mit feiner, leicht rauchiger Holznote zählt für mich zu den großen Weißweinen Südtirols. Der delikate Etelle ist deutlich fruchtbetonter. Jene Trauben, die nicht für die Cuvées benötigt werden, vinifiziert Lageder sortenrein. Alle Weine können übrigens in der Vinothek Paradeis im Ansitz Hirschprunn verkostet und erworben werden.

PRIVATKELLEREIEN

Castel Katzenzungen

Prissian 11, 39010 Prissian/Tisens
Tel. 0473/233257, Fax 0473/233269

Mit nur einem einzigen Rebstock gehört Ernst Pobitzer nicht gerade zu den begüterten Südtiroler Winzern. Aber Leidenschaft, Ehrgeiz und Unternehmermut sind manchmal wichtiger als eigene Weinberge.

■ Die Weine

Cabernet Merlot, Lagrein Riserva, Blauburgunder, »Versoaln« (Tafelwein).

■ Spezialität

»Versoaln«: der einzige Wein, der aus eigenen Trauben gewonnen wird. Sie kommen von einem monumentalen, 600 Jahre alten Rebstock mit einem Laubdach von 350 Quadratmetern Ausdehnung. Er liefert bis zu 600 Flaschen eines leider etwas ausdruckslosen, spröden Weißweines.

■ Bewertung

Der Cabernet Merlot ist ein liebenswürdiger, aber nicht sonderlich komplexer Wein. Der Lagrein ist für eine Riserva zu eindimensional. Der Blauburgunder ist ein fruchtiger Gaumenschmeichler.

Rebfläche: keine
Zukauf: 100 %
Produktion: 25 000 Flaschen
Vernatsch-Anteil: null

■ Der Betrieb

Castel Katzenzungen ist ein historischer, von alten Kastanien umstandener Renaissancebau, der auf einem Felsvorsprung hoch über dem Etschtal bei Prissian thront. Seine Ursprünge gehen auf das Jahr 1244 zurück, als ein Edelmann namens Henricus de Cazenzunge dort das erste Mal ein Schloß erbaute. Nach ihm ist das jetzige Anwesen benannt. Ein neben dem Schloß wachsender uralter, aber noch immer tragender Rebstock einer aus Frankreich stammenden, inzwischen jedoch ausgestorbenen Sorte, die im Vinschgau Versoaln genannt wird, hatte Ernst Pobitzer – Immobilienmakler aus Meran und jetziger Besitzer – auf die Idee gebracht, Wein zu erzeugen. Da es aber weder Weinberge um das Schloß noch einen Kelterraum im Schloß gibt, kauft Pobitzer Jungweine von den Genossenschaften, um sie im Schloßkeller auszubauen und unter dem Namen Castel Katzenzungen zu vermarkten.

■ Bordeaux-Cuvée

Es waren wohl die noblen Bordeauxsorten Cabernet und Merlot, die es dem stolzen Schloßherrn angetan hatten. Jedenfalls produziert er aus ihnen seit 1995 jedes Jahr einen mittelschweren, eher geschmeidigen als tanninstarken Wein, der freilich mit einem Bordeaux nur die Rebsorten gemein hat. Die Cuvée reift 18 Monate im Holzfaß (etwa 20% in kleinen Eichenfässern von je 350 Litern Inhalt). Gut 8000 Flaschen werden davon abgefüllt. Neuerdings kommen aus Pobitzers Keller auch ein kräftiger, fruchtfrischer Lagrein und ein einfacher, kirschfruchtiger Blauburgunder. Über die genaue Herkunft seiner Weine läßt der Schloßherr wenig verlauten. Da er über keine langfristigen Lieferverträge verfügt, kann die Bezugsquelle jedes Jahr wechseln. Unterstützt wird Pobitzer im Keller von seiner Tochter Caroline, beraten von einem früheren Genossenschafts-Kellermeister. In der zweiten Oktoberhälfte veranstaltet Pobitzer übrigens jedes Wochenende auf Castel Katzenzungen »Köstn«-Nächte zu Ehren der Kastanie: historische Festmahle, bei denen nach Renaissance-Rezepten gekocht wird (Kräutersuppe mit Kastaniennocken, Spanferkel mit Kastanien gefüllt). Dazu werden selbstverständlich seine Weine gereicht.

PRIVATKELLEREIEN

CASTEL SCHWANBURG

Schwanburgstr. 16, 39010 Nals
Tel. 0471/678622, Fax 0471/678430

Die Schwanburg liegt in einem Weißweingebiet. Doch seit 120 Jahren wird Cabernet angebaut. Unter besonders schwierigen Bedingungen wachsen ganz besondere Weine, meint der Schloßherr.

■ Der Spitzenwein

Castel Schwanburg Cabernet.

■ Die anderen Weine

Terlaner Sauvignon, Terlaner Welschriesling, Terlaner Weißburgunder »Sonnenberg«, Chardonnay, Pinot Grigio, Riesling, Müller-Thurgau, Gewürztraminer, Goldmuskateller, Vernatsch »Schloßwein«, Kalterersee Auslese, Grauvernatsch, St. Magdalener, Blauburgunder »Riserva«, Lagrein »Riserva«, Cabernet Sauvignon »Riserva«, Castel Schwanburg Rosenmuskateller.

■ Spezialität

Der »Schloßwein«: ein unprätentiöser, fast heiterer Vernatsch. Die englische Königin Elisabeth II. ließ sich 1967 auf einem Staatsbankett davon nachschenken.

Rebfläche: 27 ha
Zukauf: 50 %
Produktion: 550 000 Flaschen
Vernatsch-Anteil: 35 %

Bewertung

Castel Schwanburg ist für seinen Cabernet berühmt. Doch nicht in jedem Jahr gelingen große Weine wie 1990 und 1997. Erheblich verbessert sind die Weißweine, allen voran der bissige Terlaner Sauvignon.

Der Betrieb

Die Schwanburg gehört schon deshalb zu den schönsten Ansitzen zwischen Bozen und Meran, weil sie nicht durchgängig renoviert ist und in vielen baulichen Details noch der Geist des letzten Jahrhunderts lebendig ist. Schloßherr Dieter Rudolph räumt ein, daß bei der derzeitigen Konjunkturlage allein der Wein die dafür notwendigen Finanzmittel liefern kann (Rudolph besitzt auch ausgedehnte Apfel- und Spargelkulturen). Das Weingeschäft Schwanburgs ist zweigeteilt. Der größte Teil besteht aus Faßware. Nur ein Drittel des Weines kommt auf die Flasche.

Mittelpunkt Cabernet

Im Mittelpunkt steht seit 120 Jahren der Cabernet Sauvignon. Das erstaunt insofern, als Nals nicht zu den wärmsten Nischen Südtirols gehört. Dem Argument, der Cabernet Sauvignon könne dort nicht ausreifen, begegnet Rudolph mit dem Hinweis, daß, wenn der Herbstregen früh einsetzt, die Beerenhaut noch fest sei, und dieser so den Trauben nichts anhaben könne. In jedem Fall tut Rudolph alles, damit die Trauben ausreifen können. Nur wenige Weingärten Südtirols sind in so gepflegtem Zustand wie die seinen. Außerdem hat er Cabernet franc (lange Zeit im Übermaß vorhanden) bis auf ein paar Zeilen reduziert und statt dessen Merlot und Petit Verdot gepflanzt.

Viel Holz im Keller

Der Castel Schwanburg Cabernet ist, wie Rudolph sagt,»das Beste aus Schwanburg«. Er besticht mehr durch Aromentiefe und samtige Urwüchsigkeit als durch schiere Fülle (18 Monate in Barriques, ein Drittel neu). Der krautige Unterton, der ihm eine rustikale Note gibt, wird durch die hohe Extraktsüße gemildert. Auch die Cabernet Sauvignon Riserva lebt vom Wechselspiel zwischen würzig-fruchtigen Aromen und neuem Holz. Bemerkenswert die Lagrein Riserva (aus Gries und Auer), während es dem Blauburgunder doch an vielem fehlt, was einen Spitzenwein ausmacht. Bei den Weißweinen setzt Rudolph auf den Weißburgunder. Ob der »Sonnenberg« (größtenteils im kleinen Holzfaß vergoren und mit biologischem Säureabbau) der Weisheit letzter Schluß ist, darf bezweifelt werden.

PRIVATKELLEREIEN

Franz Haas

Villnerstr., 39040 Montan; Tel. 0471/812280, Fax 0471/820283
E-Mail: franz-haas@dnet.it, Internet: www.franz-haas.it

In ganz Südtirol gibt es keinen, der höhere Qualitätsansprüche stellt als Franziskus Haas. Weine, die ihn zufriedenstellen, gelingen ihm nicht oft – aber immer öfter.

■ Die Spitzenweine

Manna (50 % Riesling, je 20 % Chardonnay und Gewürztraminer, 10 % Sauvignon), Pinot Nero, Merlot, Istante, Moscato Rosa.

■ Die anderen Weine

Pinot Bianco, Pinot Grigio, Traminer Aromatico, Müller-Thurgau, Schiava Gentile, Pinot Nero, Lagrein.

■ Spezialität

Der Weißwein Manna: eine Cuvée, in der Haas verschiedene weiße Sorten zu einem unvergleichlichen, langlebigen Weißwein zusammenfaßt.

■ Bewertung

Langweilig sind Franz Haas' Weine nie. Aber wirklich überzeugend waren sie in der Vergangenheit nur selten. In den letzten Jahren scheint sich nun das

Rebfläche: 18 ha
Zukauf: 30 %
Produktion: 120 000 Flaschen
Vernatsch-Anteil: 15 %

Blatt zu wenden: großartig viele Spitzenweine (mit schwarzgoldenem »Schweizer«-Etikett), manch sogenannter Normalwein auf Spitzenniveau.

■ Der Betrieb

Er liegt oberhalb von Neumarkt direkt an der Staatsstraße nach Cavalese, die Probierstube nebenan. Ein Familienbetrieb, der seit 1880 existiert und als Privatkellerei geführt wird. Unter Franziskus Haas hat sich jedoch ein radikaler Wandel vollzogen: weniger Sorten, ein kleineres Weinsortiment, Konzentration auf langlebige Spitzenweine. Der Traubenzukauf beschränkt sich auf die Weinberge seiner Nachbarn. Alles, was nicht in dieses Schema paßt, wird als Einfachabfüllung unter Sonderetikett ins Ausland verkauft.

■ Weintüftler

Haas ist ein introvertierter, skrupulöser Winzer, der sich nicht mit halben Sachen oder mit Kleinstmengen hochwertiger Weine zufriedengibt. Er will aus jedem Quadratmeter Weinberg das Beste herausholen. Mag sein, daß er zuviel analysiert, zu sehr in die Breite forscht, sich gelegentlich auch verzettelt hat. Aber seine Ansprüche hat er nicht nivelliert. Das jahrelange Experimentieren mit verschiedenen Klonen von Cabernet Sauvignon und Blauburgunder in verschiedenen Höhenlagen, mit verschiedenen Pflanzdichten (bis 12500 Stöcke pro Hektar) und mit verschiedenen Erziehungssystemen trägt langsam Früchte. Jedenfalls sind Haas seit 1995 Weine gelungen, wie es sie in dieser Perfektion noch nie vorher gegeben hat: besonders beim Merlot (aus dem hochgelegenen Montan) und Pinot Nero.

■ Neue Rotwein-Cuvée

Letzterer ist alles andere als ein himbeerrotes Weinchen. Er besitzt Farbe (bläulichrot), Feuer, Frucht und Fantasie – die vier wichtigsten Eigenschaften eines guten Blauburgunders, laut Haas.

Der Wein wächst in Pinzon, wo sich seine Weinberge bis auf 700 Meter Höhe ziehen. 1997 hat Haas erstmals eine Rotwein-Cuvée namens Istante (»Moment«) herausgebracht. Sie besteht aus 40% Cabernet Sauvignon und 20% Cabernet franc, Merlot, Petit Verdot. Die restlichen 40% hält Haas geheim. Wenn diese Cuvée das Modell für einen großen Südtiroler Rotwein ist, dann können sich die Weintrinker die Hände reiben: ein majestätischer Wein, dunkel, dicht, vielschichtig, langlebig. Und noch etwas: Beim Rosenmuskateller läßt sich Franziskus Haas von niemandem überbieten.

PRIVATKELLEREIEN

HADERBURG

Buchholz 30, 39040 Salurn
Tel. und Fax 0471/889097

Haderburg stand jahrelang für Schaumweine. Doch nun hat Alois Ochsenreiter erkannt, daß in seinen Weinbergen auch hervorragende Stillweine wachsen.

■ **Die Spitzenweine**

Sauvignon »Hausmannhof«, Blauburgunder »Hausmannhof«, Gewürztraminer »Blaspichl«.

■ **Die anderen Weine**

Die Stainhauser-Weine mit Chardonnay, Sauvignon und Blauburgunder.

■ **Die Schaumweine**

Hausmannhof Riserva, Hausmannhof Pas Dosé, Hausmannhof Brut.

■ **Spezialität**

»Hausmannhof« Riserva: ein abgeklärter Jahrgangsschaumwein aus 95% Chardonnay, der fast zehn Jahre auf der Hefe gelegen hat und dennoch viel Frucht und Frische austrahlt.

Rebfläche: 9,5 ha
Zukauf: nur für Schaumweine
Produktion: 25 000 Flaschen
Vernatsch-Anteil: null

■ **Bewertung**

Die Jahrgangs-Schaumweine gehören zum Besten, was Italien auf diesem Sektor hervorbringt.

Unter den Stillweinen beeindruckt der Blauburgunder, dessen Riserva zu den Top Ten Italiens aus dieser Sorte zu zählen ist.

■ Der Betrieb

Bis jetzt hat Alois Ochsenreiter die Zeichen der Zeit richtig gedeutet. Als der Vernatsch nur noch verramscht wurde, begann er Schaumweine zu produzieren. Das war 1977. Als die Weinwirtschaft sich wieder erholte, trat er aus der Genossenschaft aus und begann, mit seinem Bruder Toni selbst Weine zu erzeugen. Das war 1986. Und nachdem der Markt nur noch Spitzenweine verlangt, beginnt er, sich zu verkleinern und nur noch seine besten Lagen zu bewirtschaften.

■ Sauvignon und Blauburgunder

Die besten Lagen, das sind für Ochsenreiter die Weinberge um seinen Hausmannhof, den er 1985 erworben hat. Ein 5-Hektar-Besitz am Ortseingang von Buchholz, einem der höchstgelegenen Weindörfer Südtirols. Dort wächst ein üppiger, exotisch-voller Sauvignon, der im kleinen Holzfaß vergoren wird. Und ein Blauburgunder, der zu den beeindruckendsten Südtirols gehört: wuchtig und körperreich, mit unzähligen Fruchtnuancen und hohem Alkoholgehalt. Er reift je ein Jahr in neuen Barriques und gebrauchten Tonneaux (500 Liter). In Spitzenjahren wird eine Riserva gefüllt, die bisher durchaus grandios ausgefallen ist.

■ Trennung von »Stainhauser«

In der Vergangenheit kamen die Weine unter der Bezeichnung »Stainhauser« auf den Markt. »Stainhauser« ist der Name des Hofes von Bruder Toni. Künftig will sich Alois ganz auf seinen Hausmannhof stützen. Daneben wird es nur noch den Gewürztraminer »Blaspichl« (aus Tramin) geben und die Schaumweine. Sie werden weiterhin aus zugekauften Trauben aus Südtirol und dem Trentino gewonnen und im Keller der Haderburg in Salurn gereift, wo der Schritt in die Selbständigkeit einst begann. Ochsenreiter plant, den Namen Haderburg nicht mehr für die Stillweine, sondern nur noch für die Schaumweine zu verwenden. Die Stillweine erscheinen künftig unter dem Namen »Hausmannhof«.

PRIVATKELLEREIEN

HOFKELLEREI

Josef-v.-Zallinger-Str. 4, 39040 Tramin
Tel. 0471/860215, Fax 0471/860869

Die kleine Kellerei von Willi und Gerlinde Walch liegt mitten im schönen in Tramin, ist aber bislang durch besondere Weine noch nicht hervorgetreten. Jetzt soll die Qualitätsschraube angezogen werden – mit Hilfe von Tochter Ingum, die in Deutschland Weinbau studiert hat.

■ **Die Spitzenweine**

Die Weine der »Janus«-Selektion: Gewürztraminer, Blauburgunder, Merlot, Cabernet.

■ **Die anderen Weine**

Chardonnay, Weißburgunder, Müller-Thurgau, Riesling, Gewürztraminer, Grauburgunder, »Rotkehlchen« (Gewürztraminer Rosé), Lagrein Kretzer, Kalterersee, Kalterersee Auslese, Grauvernatsch, St. Magdalener »Schallerhof«, Merlot, Lagrein »Oberpayrsberg«, Blauburgunder »Burgunderhof«, Cabernet, Rosenmuskateller.

Rebfläche: 2,5 ha
Zukauf: 86 %
Produktion: 120 000 Flaschen
Vernatsch-Anteil: 45 %

■ **Spezialität**

»Janus« Traminer Brut: ein Schaumwein nach der Flaschengärmethode aus Gewürztraminer-Trauben.

Bewertung

Die Basisweine sind von sehr einfachem Zuschnitt. Die Weißweine sollten getrunken werden, solange sie noch frisch sind. Auch Merlot und Cabernet reifen schnell. Die »Janus«-Weine müssen qualitativ noch erheblich zulegen, um ihren Status als Selektionswein wirklich zu rechtfertigen.

Der Betrieb

Er liegt am Rand des Dorfes Tramin: ein alter Weinhof mit barockem Giebel, der von grünen Weinreben umrankt wird. Es ist das Geburtshaus von Willi Walch, der den Betrieb 1977 mit seiner Frau Gerlinde gegründet und Hofkellerei genannt hat. Walch ist ein Quereinsteiger im Weingeschäft. Er hat die Handelsschule besucht, die er aus privaten Gründen jedoch abbrechen mußte, um sich den Weinbergen seiner Familie zu widmen. Mehrere Jahre hat er dann bei der großen Traminer Kellerei Wilhelm Walch gearbeitet, mit deren Inhaberfamilie er verwandt ist. Die Hofkellerei gehört heute zu den kleinen Privatkellereien Südtirols.

Einfache Basisweine

Das Sortiment umfaßt einen großen Teil der Südtiroler Traditionsweine, wobei die Kalterersee- und Edelvernatsch-Weine einen erheblichen Anteil ausmachen. Die Hinwendung zu Weißweinen und den dunklen Rotweinen erfolgte erst relativ spät. Die Weißweine sind sauber und frisch, aber recht dünn und lassen eine Rebsortentypizität nicht immer erkennen. Die Rotweine liegen noch auf sehr einfachem Niveau. Dem Lagrein »Oberpayrsberg« aus Bozen-Dorf fehlen die Dichte und das weiche Tannin. Cabernet und Merlot (Trauben überwiegend aus Tramin) sind rustikal und besitzen wenig Tiefe.

Selektionsweine

Die »Janus«-Weine mit dem schrägen Etikett werden nur in besseren Jahren abgefüllt, dabei Cabernet und Merlot relativ regelmäßig, der Blauburgunder bislang nur im Jahre 1995. Künftig werden auch Gewürztraminer, Lagrein und eine Rotwein-Cuvée dieselbe Ehre erhalten.

Trotz deutlich besserer Qualität sind die Selektionsweine noch immer ein gutes Stück von dem Niveau vergleichbarer Weine der Genossenschaften entfernt. Allerdings sind die Walchs dabei, die Qualitätsschraube kräftig anzudrehen, wobei Tochter Ingum, die in St. Michele und in Geisenheim Weinbau studiert hat, eine nicht unbedeutende Rolle spielen soll.

J. HOFSTÄTTER

Rathausplatz 5, 39040 Tramin; Tel. 0471/860161, Fax 0471/860789
E-Mail: hofstatter@hofstatter.com, Internet: www.hofstatter.com

Hofstätter gilt als der Blauburgunder-Pionier und -Spezialist Südtirols. Doch hat die hochangesehene Privatkellerei längst bewiesen, daß sie aus Weißburgunder und Gewürztraminer ähnlich große Weine erzeugen kann.

■ Die Spitzenweine

Barthenau Weißburgunder, Barthenau »Vigna S. Urbano« (Blauburgunder), »Yngram« Cabernet, »Kolbenhof« Gewürztraminer, »Steinrafflerhof« Kalterersee Auslese, »Kolbenhofer« (Vernatsch), »Steinraffler« Lagrein.

■ Die Standardlinie

Pinot Bianco, Pinot Grigio, Chardonnay, Grauvernatsch, Lagrein Rosé, Lagrein, Blauburgunder »Mazzon«, Cabernet, Merlot. Dazu: Blauburgunder Riserva.

■ Spezialität

Gewürztraminer späte Lese: Seit 1998 wird eine kleine Menge eines hochfeinen, edelsüßen Gewürztraminers erzeugt, der am Stock gereift und im kleinen Holzfaß vergoren wird.

Rebfläche: 49 ha
Zukauf: 40 %
Produktion: 650 000 Flaschen
Vernatsch-Anteil: 30 %

Bewertung

Die Konzentration auf zwei Linien hat Resultate gezeitigt: ein imponierendes Niveau bei den klassischen Rebsorten-Weinen, das derzeit niemand in Südtirol überbietet, und Spitzenweine, die nicht nur so heißen, sondern es (fast immer) auch sind.

Der Betrieb

Der sichtbare Teil des Betriebes liegt in strategisch günstiger Lage am Marktplatz von Tramin: die Kellerei mit dem hölzernen Neubau und dem Degustationsraum. Der wichtigere sind jedoch die fünf Weinhöfe: Barthenau und die beiden Yngramhöfe in Mazon, der Steinrafflerhof in Kaltern und der Kolbenhof in Tramin. Jeder der Höfe steht für bestimmte Weine.

Die neue Ordnung verdankt Hofstätter dem jungen Martin Foradori (Jahrgang 1970), der sein versäumtes Weinbaustudium mit Leidenschaft und Ehrgeiz mehr als kompensiert und deshalb von seinem Vater Paolo schon früh freie Hand bei der Führung des Betriebes bekommen hat.

Zusammen mit seinem Cousin Franz Oberhofer hat er in den 90er Jahren für ein dramatisches Qualitätswachstum des etwas verschlafenen Betriebes gesorgt. Weißburgunder, Gewürz-

traminer, Lagrein und Blauburgunder – das sind für ihn und seine Familie die Sorten, in denen die Zukunft Südtirols, zumindest des eigenen Betriebes liegt. »Wir wollen die Kraft im Wein und den Charakter«, lautet sein Credo.

Blauburgunder-Spezialist

Hofstätter ist der Pionier des Blauburgunders in Südtirol. Schon Mitte des 19. Jahrhunderts pflanzten Vorfahren diese Sorte auf dem Barthenauhof im hochgelegenen Mazon. Niemand sonst besitzt deshalb so viel Erfahrung mit dem Blauburgunder wie Hofstätter – und so alte Stöcke.

Drei Weine dieser Sorte werden heute auf Barthenau produziert:

der junge Blauburgunder der klassischen Linie, die Riserva von 30jährigen Reben und der Barthenau »Vigna S. Urbano« von 60jährigen Reben, die noch auf Pergel wachsen. Letzterer wird oft als bester Pinot Nero Italiens bezeichnet: eher ein kraftvoller, strukturbetonter als ein rein fruchtiger Burgunder, der Tiefe und Langlebigkeit besitzt.

Seit 1987 wird er als Lagenwein abgefüllt. Seinem Gewicht entsprechend reift er ein Jahr in Barriques, ein Jahr im großen Eichenfaß und ein Jahr auf der Flasche – wird also erst drei Jahre nach der Lese freigegeben. Er ist ein samtig-weicher Wein mit reifer Frucht und feinem Tannin, das durch den (moderaten) Barriqueausbau noch unterstrichen wird.

Der exponierten Lage des Weinberges wegen ist er gegen Jahrgangsschwankungen allerdings nicht immer gefeit. Majestätischen Weinen wie dem 90er stehen deutlich schwächere wie der 93er gegenüber. Seit 1995 ist er eleganter und fruchtbetonter.

■ **Mehr Barthenau**

Der Glanz des »Vigna S. Urbano« stellt Hofstätters andere Blauburgunder leicht in den Schatten – zu Unrecht. Zwar klafft ein deutlicher Unterschied zwischen ihm und der Pinot Nero Riserva (die übrigens das Überbleibsel eines verschwundenen mittleren Qualitätssegments ist). Doch würden viele Betriebe diesen Wein, besäßen sie ihn, bedenkenlos in ihr Spitzensortiment eingliedern.

Er kommt ebenfalls von Barthenau und ebenfalls von alten Stöcken, ist aber nur zu einem sehr kleinen Teil in Barriques ausgebaut worden. Selbst der einfache Blauburgunder aus der klassischen Linie besitzt Farbe, extreme Tiefe und Vielschichtigkeit.

■ **Die anderen Spitzenweine**

Hofstätters andere Spitzenweine rechtfertigen zumeist die Einstufung in die oberste Qualitätskategorie.

Da ist der feinfruchtige, hefefrische Barthenau Weißburgunder der im Edelstahl reift und nicht nur Frucht, sondern auch Kraft und Konzentration mitbringt. Oder der herausragende, ebenso stoffige wie fein gewürzte und mit einem zarten Edelbeerenton

versehene Gewürztraminer vom Kolbenhof, einer alten Gewürztraminer-Cru zwischen Tramin und Kurtatsch.

Hinzu kommen zwei Vernatsch-Weine und ein formidabler Lagrein vom Steinrafflerhof in Kaltern, der Zeugnis davon ablegt, daß die Sorte nicht nur in Gries gedeiht. Mag sein, daß er nicht ganz die feinen Tannine und die milde Säure der Bozener Spitzengewächse aufweist. Doch bereitet er mit seiner urig-erdigen Art und seiner herzhaften Frucht ein ganz eigenes Geschmackserlebnis. »Jedes Dorf hat seine eigene Charakteristik«, verteidigt Foradori die Sortenwahl.

■ Pfeffriger Cabernet

Allein der »Yngram« Cabernet erfüllt noch nicht ganz die hohen Erwartungen, die an einen Spitzenwein gestellt werden dürfen. Wohl ist er ein vielschichtiger, tanninbetonter (in 350 Metern Höhe gewachsen), auf Langlebigkeit angelegter Wein (80 % Cabernet Sauvignon, 20 % Petit Verdot, Merlot, Malbec, Syrah). Mit seinem reifen, süßen Tannin einerseits und der ausgeprägten pfeffrigen Würze andererseits fehlt ihm jedoch die klare Richtung – und damit der unbezwingbare Charme.

PRIVATKELLEREIEN

KLOSTER MURI-GRIES

Grieserplatz 21, 39100 Bozen
Tel. 0471/282287, Fax 0471/273448

Der Lagrein vom Kloster Muri gibt zu allerlei Lobpreis Anlaß. Die Fratres und ihr Kellermeister stehen folglich auf dem Standpunkt, lieber demütig Wein als hochmütig Wasser zu trinken.

■ Die Spitzenweine

Weine mit der Etikettenaufschrift »Abtei Muri«: Terlaner Weißburgunder, Lagrein Riserva, Cabernet Riserva, Rosenmuskateller.

■ Die anderen Weine

Ein Dutzend Weine mit der Etikettenaufschrift »Muri«: Terlaner Weißburgunder, Silvaner, Chardonnay, Ruländer, Müller-Thurgau, Sauvignon, Gewürztraminer, Kalterersee Auslese, Grauvernatsch, St. Magdalener, Malvasier, Lagrein Kretzer, Lagrein, Blauburgunder.

■ Spezialität

Rosenmuskateller: ein vollsüßer Wein mit herrlichem Rosenbouquet, teils am Stock, teils im gut belüfteten Heustadl des Klosters hängend getrocknet, später in Barriques vergoren.

Rebfläche: 28 ha
Zukauf: 30 %
Produktion: 260 000 Flaschen
Vernatsch-Anteil: 15 %

■ Bewertung

In den 90er Jahren haben die Weine an Qualität deutlich zugelegt. Die Lagrein Riserva gehört in ihrer Kategorie zur absoluten Spitze in Südtirol, während der Standard-Lagrein gute Durchschnittsqualität bietet. Die Cabernet Riserva enttäuscht. Bemerkenswert gut sind Weißburgunder und Ruländer.

■ Der Betrieb

Das Kloster Muri-Gries liegt im Bozener Stadtteil Gries: ein imponierendes Anwesen mit mächtigem Glockenturm, romanischem Kreuzgang und uralten Kellergewölben. Im 12. Jahrhundert von Augustinern erbaut, die schon früh Rebstöcke pflanzten, wurde es 1847 den Benediktinern aus dem schweizerischen Muri übergeben. Muri beherbergt ein Internat für Oberschüler, besitzt eine Gärtnerei, nennt mehrere Immobilien und Weinberge sein eigen. Beim Wein überlassen die 20 frommen Männer, die dort leben, die Arbeit einem Laien: dem Kellermeister Christian Werth, dessen Vater bereits 25 Jahre die Klosterweine gehütet hatte.

■ Weltlicher Kellermeister

Für Werth – rotwangig, wohlgenährt und blaubeschürzt – ist auch heute noch klar: »Der Bezug des Weines zum Kloster muß erhalten bleiben.« Doch gibt er zu: »Wir sind moderner geworden.« Muri-Gries verfügt über einige der besten Lagrein-Lagen Südtirols. Sie liegen innerhalb der Klostermauern: 3 Hektar, umbraust vom Straßenverkehr, unantastbar für die Baulöwen der Stadt. Aber auch die anderen 8 Hektar Lagrein sind von erster Güte. Einen Teil der Reben hat Werth auf Drahtrahmen gezogen – mit deutlich besseren Ergebnissen als auf der Pergel.

■ Hauptaugenmerk Lagrein

In der Standardversion ist der Lagrein von Muri-Gries ein delikater, kirschfruchtiger, keineswegs hochtrabender Wein, der bescheiden im großen Holzfaß reift. Beinahe erhaben ist dagegen die Riserva. Von Reben stammend, die bereits 1933 bzw. 1937 gepflanzt wurden, ist sie tiefdunkel in der Farbe, konzentriert im Geschmack, weich und süß im Tannin. Der Wein gärt lange auf der Maische und reift zur Hälfte in Barriques. In großen Jahren braucht er mindestens vier Jahre, um angetrunken zu werden. Nach zehn Jahren entwickelt er feine Mokkatöne. Interessant auch der Spitzen-Weißburgunder. Er kommt aus Eppan und St. Magdalena und hat bis September im großen Holzfaß auf der Hefe gelegen. »Ich will weg von den jungen Weinen«, bekennt Werth.

PRIVATKELLEREIEN

KLOSTER NEUSTIFT

Stiftstr. 1, 39040 Vahrn; Tel. 0472/836189, Fax 0472/837305
E-Mail: weine@kloster-neustift.it, Internet: www.kloster-neustift.it

Alles Gute kommt von oben, sagen die Neustifter Chorherren und wollen den Satz auch auf den Wein bezogen wissen. Das Eisacktal ist nämlich Südtirols höchstgelegenes Anbaugebiet.

■ **Die Spitzenweine**

Praepositus Weiß, Praepositus Blauburgunder, Praepositus Lagrein.

■ **Die anderen Weine**

Müller-Thurgau, Silvaner, Kerner, Veltliner, Gewürztraminer, Sauvignon, Edelvernatsch, St Magdalener, Kalterersee, Rosenmuskateller.

■ **Spezialität**

Müller-Thurgau: Die in Deutschland nicht sonderlich geschätzte Sorte ergibt in den über 500 Meter hoch gelegenen Weinbergen des Eisacktals einen ausgezeichneten Sommerwein.

Rebfläche: 18 ha
Zukauf: 70 %
Gesamtproduktion: 3 500 hl
davon 0,75-l-Flaschen: 450 000
Vernatsch-Anteil: 10 %

■ **Bewertung**

Saubere, reduktiv ausgebaute Weißweine, die klar auf Frucht setzen, sind das Markenzeichen der Neustifter. Komplexität, gar Langlebigkeit war bisher nicht

ihre Stärke. Ausnahme: die Rotweine. Sie kommen freilich aus Bozen und dem Überetsch.

■ **Der Betrieb**

Das Augustinerkloster Neustift (italienisch: Abbazia di Novacella) wurde 1143 gegründet und im Laufe der Jahrhunderte zu einem der wichtigsten geistigen und geistlichen Zentren Europas ausgebaut. Noch heute zeugen romanische, gotische und bayerisch-barocke Bautraditionen von seinem frühen Glanz. Die lichtdurchflutete Basilika, die Stiftsbibliothek und der gotische Kreuzgang ziehen täglich Hunderte von Besuchern an. Das Stift liegt in einer geschützten Tallage bei Vahrn nördlich von Brixen direkt am Eisack. 30 Chorherren leben im Stift, sich vor allem der Pfarrseelsorge und der Musikpflege widmend. Das Stift selbst beherbergt ein Internat und eine Erwachsenenbildungsstätte. Außerdem gehören über 1 000 Hektar Wald, Wiesen, Almen, Obstkulturen und Reben zu seinem Besitz, wobei der Wein mit Abstand den größten Beitrag zu den Unterhaltungskosten des Klosters leistet.

■ **Größte Eisacktaler Privatkellerei**

Das Kloster Neustift kauft und vinifiziert knapp die Hälfte aller Trauben des Eisacktals. Seine Macht als Privatkellerei war (und ist) so groß, daß sich die Traubenlieferanten 1964 zu einer »Weinproduzentengenossenschaft« zusammenschlossen, um Einfluß auf die Abnahmemengen und -preise zu nehmen. Aus der anfänglichen Gegnerschaft ist inzwischen eine Kooperation geworden, die es dem Stift zum Beispiel ermöglicht, seinerseits Einfluß auf die Sortenwahl und die Anbaumetho-

den (biologisch) ihrer Traubenlieferanten zu nehmen. Die Verantwortung für den Wein liegt seit 1987 beim jungen Stiftsverwalter Urban von Klebelsberg, der in Florenz Landwirtschaft und Önologie studiert hat und selbst aus einer Bozener Weinbauernfamilie stammt.

■ Kellerei im Umbruch

Jahrelang strahlte der Glanz des Klosters auf die Weine ab, deren Qualitäten in Wirklichkeit nur von schlicht bis mittelmäßig reichten. Abnahmeverpflichtungen gegenüber den Traubenlieferanten und mangelhafte Bezahlung für hochwertiges Lesegut verhinderten bessere Qualitäten. Erst in den 90er Jahren, als konsequent Mengenreduzierung praktiziert und die Qualitätskontrolle intensiviert wurde, wurden die Neustifter Weine besser. Mit dem Bau eines neuen Kellers im Jahre 1998 besitzt das Kloster alle Möglichkeiten, die bessere Traubenqualität in Weinqualität umzusetzen. Das Engagement des tüchtigen und talentierten Kellermeisters Celestino Lucin, der aus der »Kaderschmiede« der Kellerei Schreckbichl stammt, ist ein Signal, daß Neustift nach der Übergangsphase, in der es sich derzeit befindet, deutlich besser dasteht als zuvor. Die Fratres wird es freuen: 100 Liter Wein stehen jedem von ihnen jährlich als Deputat zu.

■ Eisacktaler Weine

Der stoffige, dezent-fruchtige, dennoch leichte Silvaner ist der wichtigste und – neben Müller-Thurgau – der charaktervollste Wein. Der Gewürztraminer kann sehr fein sein, unterliegt aber großen Jahrgangsschwankungen. Der weiße Praepositus wird

künftig Neustifts Spitzencuvée darstellen (Basis: Silvaner, dazu Chardonnay, Weißburgunder, Ruländer, Kerner). Sie wird teilweise im Barrique vergoren. Um das Kloster selbst besitzt Neustift nur 3 Hektar Weinberge. Der größte Teil der klostereigenen Reben befindet sich nicht im Eisacktal, sondern in Girlan. Dort gehört nämlich der prächtige Marklhof zu den klösterlichen Latifundien, eine der besten Weinlagen im Überetsch.

■ **Girlaner Weine**

Während der Marklhof selbst verpachtet ist (er beherbergt ein seiner Lage und seiner guten Küche wegen bekanntes Speiserestaurant), werden die 16 Hektar Weinberge, die um den Hof liegen, vom Kloster bewirtschaftet. Von dort kommen, neben Rosenmuskateller und (künftig) Gewürztraminer, ein sehr gut gelungener Sauvignon und ein feiner, zartfruchtiger Blauburgunder, der zu Recht zur Spitzenlinie gehört. Damit nicht genug. Die Chorherren besitzen im Bozener Stadtteil Quirein um das Klösterchen Mariaheim weiteres Rebland. Dort wird ein frischer, fruchtbetonter Lagrein gekeltert und eine tanninbetonte, samtige Riserva. Letztere, im kleinen Holzfaß ausgebaut, wird neben dem Blauburgunder in Zukunft zum Praepositus-Spitzenwein angehoben. Die Weine können (wie auch eigene Kräutertees, die ebenfalls vom Stift angeboten werden) in einem Lädchen neben dem Kloster verkostet werden.

KÖSSLER

St. Pauls 15, 39050 St. Pauls/Eppan
Tel. 0471/662182, Fax 0471/663641

Die Weine dieser Privatkellerei sind vielleicht nicht der Stoff, aus dem die Träume von Weinsnobs sind. Dafür muß auch niemand sein Konto plündern, um sie zu erstehen.

■ Die Weine
Pinot Grigio, Chardonnay, Sauvignon, Weißburgunder, Edelvernatsch »Tschidererhof«, St. Magdalener, Blauburgunder Riserva »Herr von Zobel«, Merlot »Tschidererhof«, Lagrein, Lagrein »Gries«, Merlot, Cabernet.

■ Die Schaumweine
Brut, Praeclarus Rosé, Noblesse.

■ Bewertung
Hans Ebner hat nicht den Ehrgeiz, die besten Weine Südtirols zu erzeugen. Er liefert einfache Durchschnittsqualität zu einem günstigen Preis.

■ Der Betrieb
Er ist hervorgegangen aus der Fusion der Sektkellerei Praeclarus mit dem Weingut Kössler in St. Pauls. Die Fusion wurde 1990 vollzogen, als der Verbrauch an Schaumweinen in Ita-

Rebfläche: 12 ha
Zukauf: 75 %
Produktion: 200 000 Flaschen
Vernatsch-Anteil: 60 %

lien spürbar zurückging und Hans Ebner, Inhaber der Kellerei, nur noch die Hälfte seiner Sektproduktion absetzen konnte. Rosemarie Kössler, seine Cousine, brachte dagegen 12 Hektar Weinberge um den Tschidererhof in St. Pauls in die neue Gesellschaft ein. Ihre Weine, bislang faßweise in die Schweiz verkauft, werden seitdem auf Flaschen gezogen und selbst vermarktet. Der größte Teil der Trauben, insbesondere für die Schaumweine, wird jedoch von rund 40 Weinbauern aus Eppan sowie aus dem Unterland zugeliefert.

■ **Tugendhafte Preise**

Manchmal wirkt es, als sei der Sturm der letzten Jahre an dieser Kellerei vorbeigebraust. Vielleicht liegt das an den beiden Inhabern, die nicht mehr der jungen Generation angehören. Vielleicht stehen sie noch zu sehr auf der Seite des traditionellen Weinhandels (obwohl Hans Ebner bis 1982 Kellermeister bei den Genossenschaften Kurtatsch und St. Michael/Eppan war). Jedenfalls geben sich beide mit einfachen Qualitäten zufrieden. Ihr Ehrgeiz zielt auf trinkfreundliche und bezahlbare Weine: ein Unterfangen, das in einer Zeit explodierender Weinpreise durchaus tugendhaft erscheint. Und wer genau hinschmeckt, entdeckt immer wieder Weine, die auch anspruchsvollen Zungen gefallen können. Etwa die Schaumweine: der süffige Brut, der knochentrockene Praeclarus Rosé und der Noblesse, der acht Jahre auf der Hefe gelegen hat. Probiert werden können sie in der kleinen Trinkstube am Marktplatz von St. Pauls.

ALOIS LAGEDER

Ansitz Löwengang, Grafengasse 9, 39040 Margreid; Tel. 0471/809500, Fax 0471/809550; E-Mail: info@lageder.com, Internet: www.lageder.com

Wenn es in Südtirol einen Menschen gibt, der über klaren Verstand, Mut, Intuition, Durchsetzungswillen und einen exzellenten Kellermeister verfügt, so heißt er Alois Lageder.

■ Die Weingüter

Terlaner »Caius Tannhammer«, Chardonnay »Löwengang«, Cabernet »Löwengang«, Cabernet Sauvignon »Cor Römigberg«, Merlot MCMXCV.

■ Die Weinhöfe

Pinot Bianco »Haberlehof«, Pinot Grigio »Benefizium Porer«, Chardonnay »Erlerhof« und »Buchholz«, Sauvignon »Lehenhof«, Pinot Nero »Krafuss«, Lagrein »Lindenburg«, Gewürztraminer »Am Sand«, Dornach (Cuvée), Moscato Rosa »Margreid« u. a.

■ Die klassische Linie

Knapp 20 Weine aus den traditionellen Südtiroler Rebsorten, darunter auch einige Höfe- bzw. Lagenweine wie Kalterersee »Römigberg«, Pinot Nero Riserva Mazon, St. Magdalener »Oberingram«, Moscato Giallo »Vogelmeier«.

Rebfläche: 17 ha
Zukauf: 85 %
Produktion: 1 Mio. Flaschen
Vernatsch-Anteil: 26 %

■ **Bewertung**

Bei den Spitzenweinen macht Alois Lageder seinem guten Ruf alle Ehre. Die Weinhofweine sind alle auf dem gleichen Niveau. Die klassischen Weine liegen teils deutlich, teils weniger deutlich über dem Südtiroler Durchschnittsniveau.

■ **Der Betrieb**

Nachdem die Kellerei über 100 Jahre lang in Bozen ansässig war, ist Alois Lageder 1997 nach Margreid übergesiedelt. Der neue Keller, den er dort errichtet hat, ist in önologischer Hinsicht einer der modernsten der Welt. Er erstreckt sich über vier Ebenen. Lesegut bzw. Maische »fallen« auf die jeweils nächsttiefere Arbeitsebene, so daß von der Traubenannahme über Abbeermaschine, Gärtank und Kelter kein einziger Pumpvorgang nötig ist. Eine schonendere Behandlung hochreifen Lesegutes und empfindlicher Moste ist nicht denkbar. Auch in ökologischer Hinsicht sind der Keller und der dazugehörige Verwaltungsteil beispielhaft: ein Niedrigenergie-Gebäude, in dem von der optimalen Ausnutzung des Tageslichts über Wärmepumpen bis hin zur Verwendung von ökologischen Baumaterialien an nahezu alles gedacht ist, was Mensch und Umwelt schont – ein wichtiges Anliegen für Firmenchef Lageder.

■ **Pionierleistung**

Beim Wein genießt die Kellerei schon seit den 70er Jahren eine Sonderstellung. Zu einem Zeitpunkt, als der Südtiroler Weinbau in tiefer Agonie lag, hat Alois Lageder bahnbrechende Entscheidungen getroffen, die für ganz Südtirol zukunftsweisend waren. Er war 1974 der erste, der die Literflasche konsequent abgeschafft hat. Er hat erkannt, daß die Pergel zumindest für hochwertige Rotweine ein ungeeignetes Erziehungssystem ist, und hat neue Reben am Draht ranken lassen und im Dichtstand gesetzt. Er hat sich frühzeitig dem Vernatsch ab- und den anderen Südtiroler Rebsorten zugewandt. Er hat die Traubenmengen rigoros gesenkt, als andere ihr Heil in der Massenproduktion suchten. Heute ist Alois Lageder unter den privaten Kellereien der mit Abstand größte Produzent von Wein in der 0,75-l-Flasche.

■ Die Spitzenweine

Das Fundament seiner Qualitätspyramide bilden die klassischen Südtiroler Rebsortenweine, die aus zugekauften Trauben gekeltert werden. Gleiches gilt für die Weinhofweine (nur der Lagrein »Lindenhof« und die Kalterersee Auslese »Römigberg« stammen von eigenen Reben). Insgesamt verfügt Lageder so über ein Lesegut von knapp 150 Hektar. Nur die Spitzenweine stammen, bis auf den Terlaner »Caius Tannhammer«, von eigenen Reben. Der Chardonnay »Löwengang« ist bis heute in Südtirol unübertroffen. Der »Cor Römigberg«, von einer spektakulären Steillage oberhalb des Kalterer Sees stammend (mit 3% Petit Verdot), ist einer der besten Cabernet Sauvignon Italiens – wenn er voll ausreifen kann (was zum Beispiel 1990, 1995, 1997 der Fall war). Der Cabernet »Löwengang« (mit je 15% Merlot und Cabernet franc) ist, trotz einiger grasiger Noten, ein erstes Gewächs. Der 1995 erstmals abgefüllte Merlot (mit lateinischen Jahresziffern) ist weicher und tiefer und fraglos einer

der Spitzenweine aus dieser Sorte.

■ Die Weinhofweine

Auch die Weinhofweine bieten durchweg sehr gute Qualitäten. Allerdings sind sie in ihrer Kategorie nicht so beeindruckend wie die Spitzenweine. Der Pinot Grigio »Benefizium Porer« erfreut sich zwar großer Nachfrage, ist aber ziemlich brav. Der Lagrein »Lindenhof« reicht nicht an die großen Grieser Lagrein heran. Dagegen brillieren Weine wie der Weißburgunder »Lehenhof«, der Chardonnay »Erlerhof« und die Cuvée Dornach (aus Chardonnay, Weißburgunder, Pinot Grigio). Elegant und facettenreich der Pinot Nero »Krafuss« aus dem hochgelegenen Eppan (1996 erstmals erzeugt), extrem gut gelungen der Gewürztraminer »Am Sand«, der wuchtig ist und sich doch leicht trinken läßt.

■ Die Basisweine

Die klassischen Weine machen 90 % der Produktion Alois Lageders aus. Sie kommen jeweils aus mehreren sorgfältig ausgewählten Bereichen Südtirols und spiegeln die Rebsorte, nicht aber ein bestimmtes Terroir wider. Lageder bezahlt seine Weinbauern nicht nur nach Qualität, sondern auch danach, wieweit sie integrierten Pflanzenschutz und naturnahe Rebpflege praktizieren. Die Weine sind sauber und ohne Tadel. Der Chardonnay »Buchholz« und die Cabernet Riserva sind Glanzlichter der Kollektion. Die Breite des Sortiments bringt es aber mit sich, daß auch wenig spektakuläre Qualitäten darunter sind.

■ Härterer Wettbewerb

Lageders Weine können ohne Zweifel eine Spitzenstellung in Südtirol beanspruchen – aber keine qualitative Alleinstellung. Die Spitzenstellung ist auch das Verdienst von Luis von Dellemann, Lageders Schwager und Önologe. Ohne sein Gespür für die Qualität und die Fähigkeit, Lageders Ideen umzusetzen, hätte sich der Aufstieg nicht so schnell vollzogen. Vor allem die Genossenschaften haben von der Pionierarbeit profitiert, die Lageder und von Dellemann geleistet haben. Heute, da die Konkurrenz um gute Trauben heftiger und der Kampf um die besten Lagen härter wird, nimmt der Wettbewerb zu, und die Erwartungen sind hoch angesichts der nicht eben niedrigen Preise.

PRIVATKELLEREIEN

R. Malojer »Gummerhof«

Weggensteinstr. 36, 39100 Bozen
Tel. und Fax 0471/972885

Der Gummerhof liegt zwar mitten in Bozen, doch als Weinerzeuger ist er etwas ins Abseits geraten. Jetzt will die Familie Malojer nachholen, was sie versäumt hat. Die Chancen stehen gut.

■ Linie Riserva

Sauvignon, Chardonnay, Blauburgunder, Merlot, Cabernet, Lagrein.

■ Linie Classic

Chardonnay »Justina«, Sauvignon, Veltliner, Blauburgunder, klassischer St. Magdalener, Lagrein »Gries Ansitz Rahmhütt«.

■ Linie Tradition

Weißburgunder, Ruländer, Müller-Thurgau, Silvaner, Lagrein Kretzer, Bozener Leiten, Grauvernatsch, klassischer St. Magdalener »Loamerhof« u. a.

■ Bewertung

Etwas unterschätzter Betrieb, der heute vor allem für preiswerte Weine bekannt ist, obwohl er auch sehr gute Gewächse im Sortiment hat, vor allem Lagrein.

Rebfläche: 8 ha
Zukauf: 70 %
Produktion: bis 100 000 Flaschen
Vernatsch-Anteil: 60 %

■ Der Betrieb

Die Tatsache, daß Dreiviertel seines Weines noch immer im Faß und in der traditionellen Literflasche abgefüllt werden, zeigt, daß die kleine Privatkellerei im Bozener Nobelviertel Dorf die Zeit verschlafen hat. Zu lange hat sich Alfred Malojer auf die traditionelle Kundschaft beschränkt, die vor allem an billigem Wein interessiert war. Zu wenig Aufmerksamkeit hat er der gehobenen Gastronomie geschenkt, die nach Qualität verlangt.

Jetzt ist der hohe Vernatsch-Anteil an der Produktion, den er und seine tüchtige Ehefrau Elisabeth jedes Jahr vermarkten müssen, eine Belastung. Die Situation ist paradox. Denn der Gummerhof verfügt über genügend gute eigene Weinberglagen (in St. Magdalena, St. Justina, Bozen-Gries und Frangart) und Traubenlieferanten, um oben an der Spitze mitspielen zu können.

■ Gute Qualität für den Preis

Die eigentliche Überraschung sind die Weine der Linie Tradition, die substanzreich und gar nicht traditionell, sondern modern vinifiziert, reintönig und säurebetont sind. Auffallend gut und außerordentlich preiswürdig: Ruländer, Grauvernatsch, Eisacktaler Silvaner und Merlot, exzellent der junge, beerenfruchtige Grieser Lagrein. Aus der Linie Classic ragt ebenfalls der Lagrein heraus, der von 1,5 Hektar eigenen, auf Pergel gezogenen Reben um den Ansitz Rahmhütt stammt. Der Blauburgunder schwächelt dagegen und kommt gegen den St. Magdalener (von der besten Parzelle des familieneigenen Loamerhofs) nicht an.

■ Künftig mehr Riserve

Bei den Riserve wechseln Licht und Schatten. Der tanninlastige und übertrieben stark im Barrique ausgebaute Blauburgunder (aus dem Eisacktal bei Leitach) bleibt ebenso blaß wie der übermäßig getoastete Chardonnay. Auch der Merlot ist recht einfach strukturiert, während der Cabernet (aus St. Magdalena) ausgesprochen gelungen ist. Der Star unter den Spitzenweinen aber ist wieder einmal der Lagrein. Mangels Absatzmöglichkeiten wurden er und die anderen Riserva-Weine bislang nur in ganz geringen Mengen produziert.

Sohn Urban Malojer, der zunehmend die Zügel im Keller übernimmt, will jedoch künftig mehr Spitzenqualitäten abfüllen – demnächst eine Cuvée aus Merlot und Cabernet mit ein wenig Lagrein. »Bauzanium« soll sie heißen – der lateinische Name für Bozen.

PRIVATKELLEREIEN

K. Martini & Sohn

Lammweg 28, 39050 Girlan
Tel. 0471/663156, Fax 0471/660668

Gabriel Martini aus Girlan hält mit seiner Meinung nicht hinter den Südtiroler Bergen. Hingegen der Ehrgeiz vieler anderer Winzerkollegen, wirklich ganz große Spitzengewächse zu erzeugen, hält sich bei ihm sichtlich in Grenzen.

■ Der Topwein
Lagrein »Maturum«.

■ Die Palladium-Linie
Chardonnay, Vernatsch, Coldirus (Cabernet, Lagrein).

■ Die klassischen Weine
Weißburgunder »Lamm«, Chardonnay, Müller-Thurgau, Pinot Grigio, Gewürztraminer, Lagrein Rosé, Kalterersee »Felton«, Kalterersee Auslese »Justina«, Vernatsch »Kellermeister«, Grauvernatsch, klassischer St. Magdalener, Blauburgunder, Lagrein »Rueslhof«, Cabernet, Goldmuskateller, Rosenmuskateller.

Rebfläche: 2 ha
Zukauf: 27 %
Produktion: 200 000 Flaschen
Vernatsch-Anteil: 40 %

■ Spezialität
Bozener Leiten in der Bocksbeutel-Flasche: ein leichter, »trinkiger« Vernatsch in guter Qualität.

■ Der Betrieb

Er liegt am Ortsrand von Girlan inmitten wogender Rebenmeere. Er wurde erst 1996 neu bezogen, nachdem Gabriel Martini der drangvollen Enge verschiedener provisorischer Unterbringungen müde war und sich entschlossen hatte, einen eigenen Keller zu bauen.

Die Privatkellerei hat keine lange Geschichte. Sie wurde 1979 von seinem Vater Karl und ihm gegründet. Er selbst war bis dahin Kellermeister bei der Klosterkellerei Lana und der Genossenschaftskellerei Gries. Mit dem langsamen Erwachen der Südtiroler Weinwirtschaft sah er schließlich die große Chance gekommen, sich selbständig zu machen.

■ Solide und preiswert

Gabriel Martini, Jahrgang 1950, hat sich auf die Produktion typischer Südtiroler Rebsortenweine in solider Qualität verlegt, die er zu einem mäßigen Preis anbietet.

Der größte Teil seines Sortiments besteht aus einfachen Vernatsch-Weinen, die in der Literflasche abgefüllt werden – immerhin mit Korken statt Schraubverschluß.

Die Weine der klassischen Linie sind ebenfalls von tadelloser Qualität, wenn auch leicht und ziemlich brav. Fast jedes Jahr besonders gut gelungen: der Kalterersee »Felton« und der Lagrein »Rueslhof«. Für höherwertige Partien von Trauben hat er die Palladium-Linie geschaffen. Sie besteht aus einem animierenden Chardonnay mit zartem Röstton (10 % Barrique), einem samtigen, von Fruchtschmelz durchzogenen Vernatsch, der aus streng verlesenen kleinbeerigen Trauben gekeltert wurde, und dem Coldirus. Diese Cuvée besteht aus 60 % Cabernet (aus Eppaner Lagen) und 40 % Lagrein (aus Moritzing bei Gries): ein etwas magerer, stets zwittrig wirkender Wein, dem auch der Ausbau in (gebrauchten) Barriques nicht zu mehr Komplexität verhilft.

■ Topwein

Gehobenen Ansprüchen gerecht wird der Lagrein »Maturum«: eine Selektion bester Trauben aus Moritzing. Mit ihm zeigt Martini, daß er auch bessere Qualitäten zu erzeugen imstande ist: ein kraftvoller, extraktreicher Wein mit konzentriertem Schwarzkirscharoma und süßem, vanilligem Tannin. Er wird in Barriques ausgebaut und hat nur einen einzigen Nachteil: Es werden lediglich 3 000 Flaschen davon abgefüllt. Von den Südtiroler Spitzen-Lagrein-Weinen ist er allerdings noch ein kleines Stück entfernt.

PRIVATKELLEREIEN

Lorenz Martini

Pranzollweg 2/D, 39050 Girlan
Tel. 0471/664136

Vater, Bruder, Frau und beide Töchter legen mit Hand an, wenn es gilt, 7000 Flaschen des familieneigenen Sekts zu »rütteln«. Schließlich gilt Lorenz Martini als einer der kleinsten, aber feinsten Schaumweinhersteller Südtirols.

■ Der Schaumwein
Comitissa Brut Riserva.

■ Bewertung
Ein abgeklärter, lange lagerfähiger Schaumwein, dessen hefefrische Weißburgunderfrucht ihn unschwer als typisches Südtiroler Gewächs erkennen läßt.

■ Der Betrieb
Im Hauptberuf ist Lorenz Martini Kellermeister bei der Girlaner Privatkellerei Josef Niedermayr. Doch am Feierabend setzt er sich nicht zur Ruhe. Da steigt er in den Keller seines Privathauses in der Girlaner Pfarrgasse, über dessen Portal in großen, alten Lettern die Worte »Sektkellerei Lorenz Martini« prangen. Drunten in den engen Gewölben liegen rund 30000 Flaschen edlen Schaumweins aus vier Jahren,

Rebfläche: 0,5 ha
Zukauf: 50%
Produktion: 7000 Flaschen
Vernatsch-Anteil: null

die mit einem beherzten, routinierten Griff in den Rüttelpulten gedreht werden müssen.

■ Flaschengärmethode

Das »Rütteln« ist den Martinis inzwischen in Fleisch und Blut übergegangen. Seit Jahrzehnten schon produziert die Familie nämlich Schaumweine nach der klassischen Methode der Flaschengärung. Ursprünglich waren es nicht mehr als 300 Flaschen, die der Vater, seinerseits 40 Jahre Kellermeister bei Niedermayr, für den Hausgebrauch abfüllte. Es war ein reiner Weißburgunder-Sekt. Denn der halbe Hektar Weinberg, den die Familie besitzt, ist ausschließlich mit dieser Sorte bestockt. Sohn Lorenz machte aus dem Hobby einen Nebenerwerb. Er begann 1985, nicht ausschließlich die eigenen Trauben zu verwenden, sondern Grundweine von seinem Arbeitgeber dazuzukaufen, um die Feierabendproduktion auf stolze 7 000 Flaschen auszuweiten. Die kann die Familie, nicht zuletzt dank der guten Qualität des Produktes, ohne großen Aufwand selbst vermarkten.

■ Jahrgangssekt

Heute macht der Weißburgunder nur mehr die Hälfte bei der Assemblage aus. Die andere, zugekaufte Hälfte besteht aus Chardonnay (30 %) und Pinot Nero (20 %). Der größte Teil des Grundweines wird im Edelstahltank, nur ein kleiner Teil Chardonnay im Barrique vergoren. 48 Monate reift der Wein auf der Flasche, bevor er enthefet und mit einer kleinen Zuckerdosage von 6 bis 7 Gramm neu verkorkt wird. Das Resultat: ein nerviger, dezent fruchtiger Schaumwein, den das lange Hefelager frisch gehalten hat. Er kommt immer als Jahrgangssekt und als Riserva auf den Markt.

PRIVATKELLEREIEN

Thomas Mayr & Söhne

Mendelstr. 56, 39100 Bozen
Tel. und Fax 0471/281030

Der Wein eint und entzweit die Familie Mayr. So kommt es, daß in ihrem Keller neben einem braven St. Magdalener auch ein Tropfen liegt, der auf den sonderbaren Namen »Vernissage« hört.

■ **Die Spitzenweine**

Lagrein »Selektion«, Vernissage (je 50% Lagrein und Merlot).

■ **Die anderen Weine**

Chardonnay, Pinot Grigio, Weißburgunder, Vernatsch, St. Magdalener »Rumplerhof«, Lagrein, Goldmuskateller, Rosenmuskateller.

■ **Spezialität**

Lagrein »Selektion«: von alten Reben mit geringen Erträgen, zu 100% in neuen Barriques ausgebaut.

■ **Bewertung**

Gespalten ist die Weinproduktion im Hause Thomas Mayr: in schlichte, aber geldbringende Vernatsch- und Goldmuskatellerweine sowie in hochstehende, nur in geringen Mengen produzierte Spitzenrotweine. In den

Rebfläche: 1,5 Hektar
Zukauf: 95%
Produktion: 75 000 Flaschen
Vernatsch-Anteil: 35%

Weißweinen lag bislang nicht der Ehrgeiz dieser kleinen Privatkellerei.

■ **Der Betrieb**

Die Privatkellerei Thomas Mayr ist ein typischer Südtiroler Weinhof, unter dessen Dach Großeltern, Eltern, Onkel, Tante und Söhne leben. Er liegt mitten im Bozener Stadtteil Gries. Die Mayrs besitzen nur 1,5 Hektar eigene Reben. Die meisten Trauben müssen folglich zugekauft werden, vor allem Vernatsch und Goldmuskateller, von denen der weitaus größte Teil in die Literflasche abgefüllt wird. Über diese »Brot«-Weine hält Vater Alois Mayr schützend seine Hand. Daß die kleine Privatkellerei sich auch über die lokale Kundschaft und Törggelentouristen hinaus einen Ruf erworben hat, verdankt sie Sohn Thomas. Der blonde Hüne hat einen Nerv nur für die besseren Qualitäten und kitzelt Feinheiten aus den Weinen heraus, die den anderen Mayrschen Gewächsen leider abgehen.

■ **Rotwein-Ehrgeiz**

Der Ehrgeiz des Sohnes richtet sich auf die Rotweine, speziell den Lagrein. Für die »Selektion« bekommt er von einigen Weinbauern des Grieser Schwemmlandes bestes Lesegut von 45 Jahre alten, nur noch wenig tragenden Rebstöcken, so daß aus dem »rustikalen Bauernwein«, wie er ihn nennt, unter seinen Händen ein richtiges Hochgewächs wird. »Grünkeil« soll dieser in Zukunft heißen. Leider kann Mayr nur ein paar tausend Flaschen von ihm füllen. Aber auch der halb so teure Standard-Lagrein, der im traditionellen großen Holzfaß ausgebaut wird, ist von überdurchschnittlicher Qualität. Und weil die Sorte Lagrein zur gleichen Zeit wie die Sorte Merlot reift, hat Mayr junior den Vernissage erfunden, eine Cuvée aus jeweils 50% der beiden Sorten, als Tafelwein ohne Jahrgangsangabe etikettiert. »Mal etwas anderes«, sagt er ganz nonchalant. Der Vater vernimmt es mit Skepsis. Doch da die Weine von der Kritik mit viel Lob bedacht wurden, läßt er dem Filius freie Hand.

JOSEF NIEDERMAYR

Jesuheimstr. 15, 39050 Girlan
Tel. 0471/662451, Fax 0471/662538

Für Josef Niedermayr ist Lagrein eine Herzensangelegenheit. Er hat schon 1966 volle, langlebige Rotweine aus dieser Sorte erzeugt, als andere sich gerade trauten, hellroten Kretzer aus ihr zu keltern.

■ Die Spitzenweine

»Collection Riserva Cuvée«: Cabernet Riserva, Lagrein Riserva, Blauburgunder Riserva, Euforius (Cabernet Sauvignon und franc, Lagrein, Merlot).

■ Die Höfelinie

»Club Gourmet«: Terlaner »Hof zu Pramol«, Sauvignon »Lage Naun«, Gewürztraminer »Lage Doss«, Grauvernatsch »Lage Doss«, Kalterersee Auslese »Ascherhof«, St. Magdalener »Egger-Larcherhof«, Lagrein aus Gries »Blacedelle«.

■ Die Standardweine

»Club Tradition«: 15 Weine aus den bekanntesten Südtiroler Rebsorten.

■ Die Sonderweine

Drei Weine der Linie »Club Finesse«: Sauvignon »Lage Naun«

Rebfläche: 15 ha
Zukauf: 80 %
Produktion: 450 000 Flaschen
Vernatsch-Anteil: 50 %

(im Barrique vergoren), Aureus, Rosenmuskateller.

■ Spezialität

Süßwein-Cuvée Aureus: ein cremiger, goldgelber Tropfen aus getrockneten Trauben der Sorten Sauvignon (50%), Chardonnay (40%) und Weißburgunder (10%), langsam und lange im Barrique vergoren.

■ Bewertung

Eine notorisch unterschätzte Kellerei, die trotz ihres (viel zu) breiten Weinsortiments sehr gute Qualitäten auf allen Ebenen bietet: tadellos die Weißweine, beachtlich die Spitzenrotweine.

■ Der Betrieb

Daß die »Club«-Ordnung mit ihren schillernden Begriffen beim Weinliebhaber mehr Ratlosigkeit hervorruft als Orientierung bietet, darf nicht darüber hinwegtäuschen, daß sich Perlen im Sortiment dieser Kellerei befinden. Josef Niedermayr ist Weingroßhändler von altem Schrot und Korn, der genau weiß, wo der Barthel den Most holt, der aber seine Seele sorgsam bewahrt und nicht dem Kommerz geopfert hat.

Hohe Weinqualität liegt ihm am Herzen. Mit Hilfe seines tüchtigen Kellermeisters Lorenz Martini ist es ihm gelungen, neben der Vernatsch-Literware ein beeindruckendes, teilweise hochklassiges Sortiment von Weinen aufzubauen.

Die Probierstube ist ebenso liebevoll eingerichtet wie das Weinbaumuseum, dessen Exponate Niedermayr über Jahre mit Leidenschaft zusammengetragen hat.

■ Lagrein-Euphorie

Fruchtbetont, sortentypisch und mit markanter Säure präsentieren sich die Weißweine. Eigenwillig, aber äußerst gelungen der barriquevergorene, üppige Sauvignon »Lage Naun« aus überreifen Trauben mit seiner fast exotischen Cassis-Note. Die eigentliche Überraschung aber sind Niedermayrs Lagrein-Weine. Schon der einfache Lagrein beeindruckt mit seiner bitter-erdigen Frucht und der feinen Säure. Die Lagrein Riserva zählt zu den besten Weinen ihrer Kategorie in Südtirol. Die einjährige Passage in neuen Barriques ist kaum spürbar. Die Trauben kommen aus Maretsch, für Kenner die beste Kleinlage in Bozen. Formidabel auch die Cuvée Euforius: Vor zehn Jahren hätte wohl niemand geglaubt, daß solch ein Wein aus Südtirol kommen könne. Auch Cabernet Riserva und Blauburgunder haben ihre Qualitäten, reichen jedoch nicht ganz an Lagrein Riserva und Cuvée Euforius heran.

PRIVATKELLEREIEN

Hans Rottensteiner

Sarntalerstr. 1/A, 39100 Bozen
Tel. 0471/282015, Fax 0471/407154

Mit grauem Filzhut, blauer Schürze und bäuerlichen Gesichtszügen wirkt Anton Rottensteiner nicht wie einer, der feine Weine erzeugt. Doch das Äußere täuscht.

■ **Die Spitzenweine**

Die Weine der »Select-Linie«: Chardonnay, Blauburgunder, Cabernet, Lagrein.

■ **Die klassische Linie**

Weißburgunder, Silvaner, Ruländer, Gewürztraminer, Müller-Thurgau, Chardonnay, Goldmuskateller, Kalterersee Auslese, Grauvernatsch, Lagrein Kretzer, Lagrein, Edelvernatsch »Kristplonerhof«, St. Magdalener, St. Magdalener »Premstallerhof«, Blauburgunder, Cabernet.

■ **Bewertung**

Die Weine der klassischen Linie sind durchweg sauber und preiswert, kommen aber über eine bestimmte Mittelmäßigkeit nicht hinaus. Blauburgunder und Cabernet der »Select-Linie« heben sich zwar deutlich ab, sind jedoch keine ersten Gewächse.

Rebfläche: 15 ha
Zukauf: 85 %
Produktion: 200 000 Flaschen
Vernatsch-Anteil: 40 %

Die Chardonnay Select Riserva überzeugt eher durch ihren moderaten Preis als durch ihre Qualität. Die Lagrein Select Riserva ist ein echter Spitzenwein.

■ Der Betrieb

Die 1956 von Hans Rottensteiner, dem Vater des jetzigen Besitzers, gegründete Handelskellerei ist heute die größte ihrer Art in Bozen. Äußerlich sieht sie wie ein Bauernhof aus. Doch spätestens beim Betreten des Kellers offenbart sich die wahre Größe des Betriebes: riesige unterirdische Gewölbe, in denen Faßwein lagert. Er macht immer noch einen großen Teil der Produktion aus. Die Sorte Vernatsch dominiert mengenmäßig. Dabei richtet sich Rottensteiners Bemühen längst auf die gehobenen Flaschenweinqualitäten, bei denen ihm in den letzten Jahren auch manch guter Wurf gelungen ist.

■ Schwerpunkt Lagrein

Seine besondere Aufmerksamkeit gilt dem Lagrein. Schon die Riserva der klassischen Linie imponiert mit ihrer samtenen Fülle und herzhaften Frucht. Die Lagrein Riserva der »Select«-Linie ist dichter, hat mehr weiches, süßes Tannin und besitzt wesentlich mehr Geschmackstiefe. Die Trauben kommen von den Schwemmlandböden des Talfer im Bozener Stadtteil Gries, an dessen Peripherie Rottensteiners Hof liegt. Sie gehört, trotz der wenig dezenten Holznote (18monatiger Ausbau im Barrique) zu den besseren Weinen dieser Traditionssorte – mitunter auch zu den besten. Über dem Durchschnitt liegt auch Rottensteiners Cabernet Select Riserva: ein fruchtbetonter Wein mit weichem Tannin, der leider durch einen beträchtlichen Zusatz von Cabernet franc leicht grasig schmeckt. Dieser Wein stammt aus einem eigenen Weinberg in Branzoll. Der Blauburgunder Select aus Mazon ist von ebenso einfachem Zuschnitt wie der Chardonnay.

■ Bescheidene Preise

Eine weitere Stärke sind die Vernatsch-Weine. Besonders der St. Magdalener »Premstallerhof« und der Edelvernatsch »Kristplonerhof« (Heimathof von Rottensteiners Frau) belegen, daß Rottensteiner ein Händchen dafür hat, aus dieser Sorte »trinkige« und anspruchsvolle Weine zugleich zu erzeugen. Der St. Magdalener ist der kräftigere Wein, der Edelvernatsch der weichere. Beide verströmen den typischen Duft von Bittermandel und Veilchen. Alle Weine glänzen durch äußerst bescheiden kalkulierte Preise.

PRIVATKELLEREIEN

A. SCHMID-OBERRAUTNER

M.-Pacher-Str. 3, 39100 Bozen; Tel. und Fax 0471/281440
E-Mail: florianschmid@dnet.it

Florian Schmid ist locker, lässig und jung. Ihm fehlt nur der Mut, aus den teilweise herausragenden Lagen auch ebensolche Weine zu produzieren.

■ Der Spitzenwein
Lagrein »Barrique«.

■ Die anderen Weine
Weißburgunder, Chardonnay, Kalterersee Auslese, Grauvernatsch »Ritschhof-Entiklar«, St. Magdalener »Steinbauer«, Lagrein Kretzer, Lagrein »Grieser«, Lagrein »Riserva«, Blauburgunder, Merlot »Siebeneich«.

■ Bewertung
Korrekte, gehaltvolle Weine im konventionellen Stil, die fast noch zu Preisen wie vor zehn Jahren angeboten werden.

■ Der Betrieb
Den Kern dieser kleinen Privatkellerei bildet der alte Oberrautnerhof, der mitten im Bozener Stadtteil Gries liegt und von eleganten Villen und Apartmenthäusern umzingelt ist. Von dem einst 70 Hektar großen Mischbetrieb sind heute nur noch

Rebfläche: 3 ha
Zukauf: 75 %
Produktion: 50 000 Flaschen
Vernatsch-Anteil: 60 %

ein paar Apfelkulturen und drei Hektar Weinbau übriggeblieben. Den größten Teil seiner Trauben erhält die Kellerei aus den Weinbergen von diversen Verwandten, unter die der Oberrautner-Besitz im Laufe der Zeit aufgeteilt wurde. Lagrein und Vernatsch stehen traditionell im Mittelpunkt. Von letzterem werden fast 45 000 Literflaschen direkt ab Hof vermarktet.

■ **Junger Traditionalist**

Verantwortlich für den Weinbau und die Einkellerung ist Florian Schmid. Trotz seines jugendlichen Alters (Jahrgang 1970) tendiert er zur traditionellen Arbeitsweise, insbesondere bei der Kellerarbeit. Edelstahltanks dienen ihm nur zum Vergären des Weines. Der Ausbau findet grundsätzlich in großen, alten Holzfässern statt. Mehr als ein Dutzend Barriques duldet er nicht in seinem Keller. In diesen reift freilich sein bester Lagrein, der auf dem Etikett auch ausdrücklich als Lagrein »Barrique« bezeichnet wird. Er besitzt Frucht, Fülle und eine Weichheit, die stark an einen Merlot erinnert. Obwohl nicht mal in Insiderkreisen bekannt, gehört er zu den ersten Gewächsen seiner Kategorie. Im Vergleich dazu sind der »Grieser« Lagrein und die Lagrein »Riserva« von bescheidener Qualität, was bei den hohen Hektarerträgen, die Schmid gar nicht verleugnet, nicht verwunderlich ist. Sie liegen nur unwesentlich unter den D.O.C.-Bestimmungen.

■ **Gute Preise**

Auch Schmids andere Rotweine sind ohne Fehl und Tadel. Doch Glanzlichter sucht man vergebens. Der Blauburgunder aus Mazon, in gebrauchten Barriques ausgebaut, gefällt mit seiner süßen Fruchtfülle und dem zarten Tannin. Der Merlot ist ein gehaltvoller, fleischiger Wein, der unbeschwert über den Gaumen läuft. Der Grauvernatsch ist einer der wenigen Weine, die wirklich aus dieser Vernatsch-Spielart gekeltert werden. Der St. Magdalener, der noch im gemischten Satz angebaut wird, überzeugt durch seine Opulenz. Die Weißweine sind sortentypisch, sauber und, wie alle Oberrautner-Weine, von einem nicht unterbietbaren Preis-Genuß-Verhältnis – Resultat auch der großen Erntemengen.

PRIVATKELLEREIEN

Peter Sölva & Söhne

Goldgasse 33, 39052 Kaltern
Tel. und Fax 0471/964650

Die glorreichen Zeiten, da Sölvas Weine Medaillen gewannen, liegen lange zurück. Nun will der junge Stefan Sölva sie wiederauferstehen lassen. Jeder zweite Satz beginnt bei ihm mit den Worten: »Demnächst werden wir ...«

■ Die Spitzenweine
Amistar Weiß (Weißburgunder, Chardonnay, Sauvignon), Amistar Rot (Cabernet, Merlot, Lagrein).

■ Die anderen Weine
»Desilvas«-Linie mit Gewürztraminer, Cuvée Weißburgunder/Chardonnay, Lagrein, Merlot.

■ Die Buschenschanklinie
Peterleiten Kalterersee Auslese, Grauvernatsch, Lagrein Kretzer.

■ Bewertung
In der Vergangenheit gab es kaum einen Wein ohne Mängel. Inzwischen sind einige dieser Mängel abgestellt. In Zukunft soll es nach Stefan Sölva gar keine mehr geben. Die ersten Faßproben der neuen Weine stimmen tatsächlich optimistisch.

Rebfläche: 3 ha
Zukauf: 40%
Produktion: 50 000 Flaschen
Vernatsch-Anteil: 55%

Der Betrieb

Ob Peter Sölva hauptsächlich Weinbauer oder Wirt ist, weiß er selbst nicht genau. Tatsache ist, daß er tagsüber in seinen Reben arbeitet, abends in seinem Buschenschank kocht, nachts in seinem Keller schafft. Zumindest lief sein Leben jahrelang so ab. Der Buschenschank heißt »Spuntloch«, befindet sich in Kaltern in der Goldgasse und wird überwiegend von einheimischem oder auswärtigem Traditionspublikum besucht, das sich an Speck, Hauswurst mit Kraut und gemeinem Kalterer delektiert. Mutter Sölva steuert ihre hausgemachten Säfte bei, Sohn Stefan bedient. Daß die eigenen Weine nicht glänzen konnten, ist der Überforderung aller zuzuschreiben: wäßrigrot in der Farbe, unfrisch im Bouquet, muffig im Geschmack – Stil der 50er Jahre.

Neue Ziele

Inzwischen stehen die Zeichen auf Wandel. Nicht die alte Stammkundschaft zu bedienen, sondern neue Weinkennerschichten zu erschließen ist nun das Ziel der Sölvas – auch wenn im »Spuntloch« weiter gekocht und bedient wird. Der Wandel hat mit Stefan, Jahrgang 1971, zu tun, der seine Interessen und Fähigkeiten (Weinbaustudium in der Laimburg und im fränkischen Veitshöchheim) stärker zur Geltung bringen will. Er sprüht vor Ehrgeiz und hat erkannt, daß Eigenbauweine der untersten Preiskategorie keine Chance gegen die Weine der tüchtigen Südtiroler Genossenschaften haben. Einige 98er Weine, die er im Faß hat, sind mehr als respektabel, vor allem der rote Amistar, eine neue Rotwein-Cuvée, die im kleinen Holzfaß ausgebaut wird. Durch den weißen Amistar wird das (viel zu) breite Sortiment deutlich verschlankt. Aber auch die Weine der »Desilvas«-Linie sind stark verbessert. Die meisten durchlaufen eine kurze Passage in (gebrauchten) Barriques. Die Trauben der Sölvas kommen übrigens aus Kaltern. Onkel Paul Sölva liefert den größten Teil (3,5 ha).

PRIVATKELLEREIEN

Tiefenbrunner »Ansitz Turmhof«

Schloßweg 4, 39040 Kurtatsch/Entiklar; Tel. 0471/880122, Fax 0471/880433
E-Mail: tiefenbrunner@tiefenbrunner.com, Internet: www.tiefenbrunner.com

Mengenmäßig ist Tiefenbrunner einer der Giganten unter den Südtiroler Privatkellereien. In dieser Größenordnung gibt es nur ganz wenige Betriebe, die so gute Qualitäten erzielen.

■ Topselektionen

Chardonnay »Linticlarus«, Blauburgunder Riserva »Linticlarus«, Cabernet »Linticlarus«, Merlot »Linticlarus«, Cuvée »Linticlarus« (Lagrein, Merlot, Cabernet), Lagrein Riserva »Linticlarus«, Rosenmuskateller »Linticlarus«.

■ Weingutselektionen

Weißburgunder »Castel Turmhof«, Chardonnay »Castel Turmhof«, Sauvignon »Kirchleiten«, Gewürztraminer »Castel Turmhof«, Goldmuskateller »Castel Turmhof«, Grauvernatsch »Castel Turmhof«, Kalterersee »Mühlhöfl«, St. Magdalener »Waldgrieshof«, Lagrein »Castel Turmhof«.

Rebfläche: 20 ha
Zukauf: 70 %
Produktion: 600 000 Flaschen
Vernatsch-Anteil: 25 %

■ Klassische Linie

Weißburgunder, Chardonnay, Pinot Grigio, Silvaner, Riesling, Müller-Thurgau, Gewürztraminer, Lagrein Kretzer, Edelvernatsch, Kalterersee, Blauburgunder, Merlot, Cabernet, Spumante Brut.

■ Spezialität

»Feldmarschall von Fenner«: der beste (und teuerste) Müller-Thurgau Italiens. Ein Bergwein, benannt nach dem österreichischen General und Kampfgefährten Andreas Hofers.

■ Bewertung

Bemerkenswert gut sind die Weißweine, auch und gerade in der klassischen Linie. Unter den Roten sind einige sehr gelungene, aber auch einige schwächelnde Weine zu finden. Insgesamt ist das Sortiment zu breit, um auf jeder Ebene regelmäßig optimale Qualitäten zu erzielen.

■ Der Betrieb

Der Turmhof liegt bei Entiklar, zwischen Kurtatsch und Margreid. Wander- und durchreisenden Törggelentouristen ist er wegen des Buschenschanks bekannt, den die Familie Tiefenbrunner dort seit vielen Jahren betreibt. Er liegt in einem weitläufigen Park mit Weihern und skurrilen koboldartigen Steinfiguren.

Für Kenner ist Tiefenbrunner ein Name, der für exzellente Weinqualität steht, die weit über dem Südtiroler Durchschnittsniveau liegt. Ihren guten Ruf hat sich die Kellerei zunächst mit ihren Weißweinen erworben, insbesondere dem Chardonnay. In den letzten Jahren drängt Tiefenbrunner auch mit seinen Rotweinen mächtig nach oben. Sie machen allerdings erst 35% der Produktion aus.

■ Familienbetrieb

Herbert Tiefenbrunner, Südtirols ältester amtierender Kellermeister (seit über 50 Jahren), hatte den Hof 1965 von seinem Vater übernommen. Er produzierte überwiegend Faßweine. Heute trägt sein Sohn Christof die Verantwortung für den Wein. Er ist, nach einer zweijährigen Ausbildung an der Landwirtschaftsschule Laimburg und einem Praktikum in der Toskana, schon seit 1983 im Weingut tätig und hat die qualitative Neuausrichtung des Betriebes maßgeblich vorangetrieben. Der stille, bei den Traubenlieferanten wegen seiner Unnachgiebigkeit gefürchtete, bei Geschäftspartnern wegen seines Verhandlungsgeschicks berühmte Sohn hat die Faßweinproduktion beendet und die Vernatsch-Lastigkeit des Betriebes von 70 auf 25 % reduziert. Bei der Neuanlage von Weinbergen hat er sich konsequent für den Drahtrahmen und gegen die Pergel entschieden. Schließlich hat er schon früh begonnen, seine besten Weiß- und Rotweine in kleinen Eichenholzfässern auszubauen.

■ Chardonnay-Spezialist

Die Bezeichnung »Linticlarus«, der lateinische Name für Entiklar (»castrum linticlar«), steht bei Tiefenbrunner für die erste Qualität. Das bedeutet: Die Trauben kommen aus den besten Lagen des eigenen Rebbesitzes. Der Chardonnay besticht durch komplexe Fülle und cremig-buttrige Aromen. Die Trauben stammen teils aus tiefen Lagen am Fuß des Hügels von Kurtatsch, teils von höheren Lagen. Der Wein wird im kleinen Holzfaß vergoren und ein Jahr auf der Feinhefe ausgebaut. Danach braucht er mindestens zwei, drei Jahre, um seine Feinheit zu demonstrieren, gehört dann aber zu den besten Südtiroler Chardonnays. Der »Castel Turmhof«-Chardonnay aus der mittleren Linie kommt ebenfalls aus gutseigenem Lesegut. Allerdings reift er nur zu einem kleinen Teil im Holzfaß, zum größeren im Edel-

stahltank. Der einfache (aber vorzügliche) Chardonnay wird nur im Edelstahl ausgebaut – wie auch der bissige Sauvignon »Kirchleiten« (aus einem 600 Meter hohen Weinberg) und der Goldmuskateller der »Castel-Turmhof«-Linie.

■ Die Rotweine

Mit den Rotweinen hat Tiefenbrunner noch nicht ganz das Niveau seiner Weißweine erreicht, obwohl er keine Mühen scheut (zum Beispiel Rototanks) und über hervorragende Lagen verfügt. Kraftvoll und nobel ist der Cabernet Sauvignon »Linticlarus«, in vielen Jahren sein bester Rotwein. Merlot und Lagrein wurden erstmals 1997 in »Linticlarus«-Qualität produziert und sind vielversprechend. Beider Trauben kommen aus der Umgebung von Kurtatsch. Die Reben wachsen auf Drahtrahmen (d. h. reduzierte Erträge). Die Blauburgunder Riserva aus Montan besitzt dagegen weder die Dichte noch die Frucht, um als erstes Gewächs zu gelten. Auch an der Cuvée »Linticlarus« muß noch gefeilt werden. Der Lagrein der »Castel-Turmhof«-Linie wächst an der Pergel und ist etwas rauher als die Grieser Weine, gleichwohl von guter Qualität. Ausgezeichnet, wenn auch fruchtiger und weniger tanninbetont, präsentieren sich Cabernet und Merlot aus der klassischen Linie.

■ Spezialitätenecke

Besondere Aufmerksamkeit verdient Tiefenbrunners Spezialitätenecke. Da ist zum einen der »Feldmarschall«, ein Wein, der in seiner Stahligkeit mehr an einen Riesling als an einen Müller-Thurgau erinnert. Weil er in über 1000 Meter Höhe wächst, darf er nicht als D.O.C.-Wein etikettiert werden. Dann der Gewürztraminer: ein stoffiger, unmerklich restsüßer Wein,

der im Barrique vergoren und im Edelstank ausgebaut wird. Von großer Klasse ist schließlich der Rosenmuskateller »Linticlarus«. Bleiben die Vernatsch-Weine, die allerdings keine Spezialitäten, sondern eher gewöhnliche Weine sind: Sie reichen vom biederen Edelvernatsch über den (bemerkenswerten) Grauvernatsch bis zum gehaltvollen St. Magdalener »Waldgrieshof«.

PRIVATKELLEREIEN

Clemens Waldthaler

Bachstr. 4, 39040 Auer
Tel. und Fax 0471/810182

Ohne Kämpferherz hätte Clemens Waldthaler es kaum geschafft, eine große Handelskellerei in eine kleine Privatkellerei zu transformieren, die fast ein Weingut ist.

■ Die Spitzenweine

Die Weine der Linie »Raut«: Bianco-Grigio (Pinot Bianco, Pinot Grigio), Lagrein, Merlot, Cabernet.

■ Die anderen Weine

Weißburgunder, Pinot Grigio, Sauvignon, Gewürztraminer, Lagrein Kretzer, Grauvernatsch, St. Magdalener, Blauburgunder, Lagrein, Merlot, Cabernet.

■ Bewertung

Ein Betrieb, der selbst hohe Ansprüche an seine Weine stellt, sie mit den Roten auch einhält, bei den Weißen aber von seinem Ziel noch ein Stück entfernt ist.

■ Der Betrieb

Er liegt mitten im Dorf Auer und gehörte noch bis in die 70er Jahre hinein zu den renommiertesten Privatkellereien Südtirols. Nach dem Tode von Rein-

Rebfläche: 7 ha
Zukauf: 30 %
Produktion: 85 000 Flaschen
Vernatsch-Anteil: 30 %

hold Waldthaler im Jahre 1986 wurde er unter dessen fünf Kindern aufgeteilt. Dem damals 26jährigen Clemens Waldthaler blieben danach gerade noch 7 Hektar Reben, ein altmodischer und viel zu großer Keller sowie eine gewaltige Summe Erbschaftsteuer, die er zu zahlen hatte. Aber der quirlige, tatendurstige Mann ließ sich nicht schrecken. Er legte die Weinberge neu an, zog die Reben auf Drahtrahmen statt auf Pergel und baute einen neuen Keller, dessen Dimensionen auf die geschrumpfte Weinbergfläche zugeschnitten sind (zugekauft wird heute nur noch Vernatsch). Er wollte und will seinen langjährigen Kritikern und Neidern beweisen, daß seine Innovationen über kurz oder lang zum Erfolg führen.

■ **Großes Sortiment**

Allerdings scheint er den klugen Ausspruch »Weniger ist mehr« nicht immer beherzigt zu haben. Jedenfalls leistet er sich nach wie vor eine breite Sortenpalette. Vom einfachen Weißburgunder bis hin zum Super-Merlot produziert Waldthaler über 15 verschiedene Weine, darunter auch solche, für die er keine erstklassigen Weinberge besitzt. Weißburgunder, Sauvignon und Gewürztraminer bleiben etwas unter den Erwartungen, die der Hofherr weckt. Sie sind Stahltankweine: sauber und sortentypisch, doch ohne Nuancen, die über die pure Primärfrucht hinausgehen. Der Pinot Grigio wird teilweise in Barriques ausgebaut.

Letztlich überzeugt nur der Bianco-Grigio aus der »Raut«-Linie mit seiner Fülle und Komplexität, die von speckig-röstigen und zarten Honignoten unterlegt werden.

■ **Starke Rote**

Waldthalers Stärke sind die Roten, die, zumal wenn sie zur gehobenen »Raut«-Linie gehören, nach einem halben Jahr im Edelstahltank für ein weiteres Jahr ins kleine Eichenfaß kommen. Herausragend der »Raut«-Lagrein mit seinem intensiven Duft von Himbeeren und den Massen von Tannin, die am Gaumen weich und süß schmecken. Die Trauben für ihn kommen aus einem sehenswerten Weingarten auf dem Porphyr-Schuttkegel des Hornbergs. Einer der allerbesten seiner Art ist der »Raut«-Merlot, der ungewöhnlich konzentriert ist und viel Schliff mitbringt. Ähnliches gilt für den »Raut«-Cabernet, der etwas würziger und tanninstrenger ausfällt. Alle Weine können übrigens in dem neu errichteten Verkaufslokal in Auer verkostet und erworben werden.

Peter Zemmer

Weinstr. 24, 39040 Kurtinig; Tel. 0471/817143, Fax 0471/817743
E-Mail: info@zemmer.com, Internet: www.zemmer.com

Wer spektakuläre Weine erwartet, wird enttäuscht. Doch wer sortentypische Weine zu reellen Preisen sucht, kommt in dieser Privatkellerei auf seine Kosten.

■ Die Spitzenweine
Die Barrique-Serie mit Chardonnay und Lagrein-Cabernet.

■ Die anderen Weine
Weißburgunder, Pinot Grigio, Chardonnay, Müller-Thurgau, Riesling, Sauvignon, Gewürztraminer, Kalterersee, Edelvernatsch, Grauvernatsch, St. Magdalener, Blauburgunder, Merlot, Lagrein, Cabernet, Lagrein Cabernet.

■ Spezialität
Schaumwein Brut Cuvée »Z«: eine gelungene Cuvée aus Chardonnay und Blauburgunder.

■ Bewertung
Chardonnay, Pinot Grigio, Gewürztraminer und die Rotweine – das sind die Stärken dieses Betriebes. Doch um das gesamte Südtiroler Sortiment anzubieten, läßt Zemmer sich auch auf Sorten ein, bei denen er schwächelt.

Rebfläche: 7 ha
Zukauf: 92 %
Produktion: 400 000 Flaschen
Vernatsch-Anteil: 10 %

Der Betrieb

Er liegt in Kurtinig auf der Talebene inmitten von Apfelplantagen. Geleitet wird er von Helmut Cucco-Zemmer und seinen Söhnen Günther und Peter. Ein braver Familienbetrieb, der vor zehn Jahren ausschließlich vom En-gros- und Faßweinverkauf lebte und auch heute noch stark in diesem Geschäftszweig engagiert ist, etwa Sektgrundweine für deutsche und Luxemburger Abfüller liefert. Seit Ende der 80er Jahre setzt er jedoch entschieden auf Qualitätswein in der 0,75-l-Flasche, wobei er den Ehrgeiz hat, möglichst das gesamte Südtiroler Sortiment anzubieten. Literware wird nicht abgefüllt. 1995 hat Zemmer zudem die alte Privatkellerei Kupelwieser übernommen (deren Teilhaber er schon vorher war).

Saubere Rebsortenweine

Zemmer, ein eher bescheidener, zurückhaltender Mann, hat sich zur Aufgabe gesetzt, saubere, sortentypische Weine auf einem akzeptablen Preisniveau anzubieten. Das gelingt ihm jedes Jahr, auch wenn mancher seiner Weine etwas derb wirkt. Seine Traubenlieferanten kommen vor allem aus Margreid, Kurtatsch, Auer, Montan, Buchholz und Salurn – also aus dem warmen Süden. Entsprechend stoffig sind seine Weißweine, wobei Chardonnay, Pinot Grigio und Gewürztraminer wesentlich bessere Qualitäten ergeben als Weißburgunder und Sauvignon. Der barriquevergorene Chardonnay (aus eigenem Weingarten) ist allerdings von der Perfektion noch weit entfernt: Allzu röstig wirkt er (zwölf Monate Barrique) und ist überdies von etwas eigenwilliger Aromatik.

Rotweine ohne und mit Barrique

Zemmers andere Stärke sind die Roten. Der wuchtige Merlot (aus Kurtinig), der rustikale Lagrein (aus Auer) und der robuste Cabernet (aus Margreid) sind bodenständige Gewächse, die ein »Maul voll Wein« bieten. Der Lagrein-Cabernet (Verhältnis 70:30), Zemmers Spitzenwein, ist muskulös und besitzt mehr Tiefe. Allerdings »würzt« ihn das Barrique-Holz mehr, als daß es ihm Komplexität verleiht. Der Blauburgunder (aus Montan und Buchholz) besitzt zwar Feuer, aber wenig Feinheit.

Eigenbauwinzer

EIGENBAUWINZER

Martin Aurich »Unterortl«

Juval 1/B, 39020 Kastelbell
Tel. und Fax 0473/667580

Ein gebürtiger Berliner, den die Leidenschaft für den Wein in eine Gegend gezogen hat, die als Grenzregion gilt, was den Rebbau angeht: den Vinschgau. Im Angesicht von Dreitausendern erzeugt Aurich dort Weine der besonderen Art (und Klasse).

■ Spitzenwein
Blauburgunder.

■ Die anderen Weine
Riesling, Weißburgunder, Gneis (Vernatsch, Blauburgunder, Portugieser, Lagrein).

■ Spezialität
Blauburgunder »Spielerei«: eine rare Beerenauslese des Blauburgunders, am Stock gereift, im November mit mehr oder minder hohem Botrytisanteil gelesen, im Barrique ausgebaut.

■ Bewertung
Soviel läßt sich schon heute sagen: Der Blauburgunder des Unterortlhofes ist einer der besten Weine, die in Südtirol aus dieser Sorte gekeltert werden. Und einen besseren Riesling gibt es auch nicht südlich der Alpen.

Rebfläche: 5 ha
Zukauf: keiner
Produktion: 15 000 Flaschen
Vernatsch-Anteil: 10 %

Beide sind Kennerweine ohne kommerziellen Charme. Der rote Dessertwein »Spielerei« ist, was der Name sagt – allerdings eine hochwertige.

Der Betrieb

Martin Aurich hat 1991 den im Schnalstal gelegenen Unterortlhof gepachtet, der zum Besitz von Schloß Juval gehört, dem Refugium des Bergsteigers Reinhold Messner. Das Schnalstal liegt im Vinschgau, etwa auf halbem Weg zwischen Meran und Schlanders. Der eigenwillige, über dem wildromantischen Eingang ins Schnalstal thronende Hof erinnert eher an einen Bergbauernhof als an ein Weingut. Aurich, ein Weinbauingenieur mit Geisenheimer Diplom, hat mehrere Jahre in der Weinabteilung der Landesversuchsanstalt Laimburg gearbeitet und den Unterortlhof zusammen mit seiner Ehefrau Gisela nur nebenher bewirtschaftet. Heute arbeitet er nebenberuflich an der Laimburg und ist hauptberuflich Winzer. Seine Weinberge hat er selbst angelegt. Sie liegen zwischen 600 und 800 Metern hoch und sind terrassiert. Die Reben wachsen in urgesteinsreicher Erde, ranken ausnahmslos am Drahtrahmen und müssen während der sommerlichen Trockenperiode tropfberegnet werden.

Wein und Brände

Der Blauburgunder ist Aurichs Spitzengewächs: ein geschmeidiger, herrlich fruchtiger Wein von enormer Aromentiefe, der an Kirschen, Walderdbeeren und Himbeeren erinnert und vorsichtig im Barrique ausgebaut wird. Er besitzt zwar nicht die Fülle und das Feuer der Blauburgunder von Mazon, dafür aber mehr Finesse. Die zweite Sorte, die im Vinschgau gut gedeiht, ist der Riesling. Aurichs Riesling ist von einer spürbaren mineralischen Säure durchzogen, die aber durch fruchtige Noten von Aprikose und Pfirsich gut abgepuffert wird. Der Weißburgunder wächst im Unterortlhof in den höchsten Lagen. Er ist entsprechend leicht und rassig. Aurichs Rotwein-Cuvée Gneis ist nach der Gesteinsart benannt: ein hellroter, delikat-fruchtiger Wein zum unbeschwerten Genuß. Weitere Cuvées sollen folgen. Daneben betätigt sich Aurich als Brenner. Er bietet eine Vielzahl von Bränden an, unter anderem einen raren Edelkastanienbrand. Brände und Weine können im »Schloßwirt«, dem Buschenschank von Castel Juval, um den herum Yaks, Lamas und Bergrinder grasen, probiert werden.

EIGENBAUWINZER

Andreas Berger
»Thurnhof«

Kuepachweg 7, 39100 Bozen
Tel. und Fax 0471/288460; E-Mail: aberger@tin.it

Rebfläche: 2,3 ha
Zukauf: keiner
Produktion: 12 000 Flaschen
Vernatsch-Anteil: 30 %

Wenn Bescheidenheit belohnt würde, wäre Andreas Berger ein wohlhabender Mann. So muß er sich damit trösten, einige der besten unbekannten Weine Südtirols zu erzeugen.

■ Die Weine

Sauvignon, Goldmuskateller, St. Magdalener, Lagrein, Cabernet Sauvignon.

■ Spezialität

Der Goldmuskateller »Passaurum«: ein üppiger, vollsüßer Goldmuskateller, erzeugt aus einer Mischung spätgelesener und in Holzkistchen getrockneter Trauben.

■ Bewertung

Ein Weinhof, der aufgrund seiner hervorragenden Lagen und der rechtzeitigen Umstellung auf Drahtrahmen zwei bedeutende Weine hervorgebracht hat: den Cabernet Sauvignon und den Lagrein. Gemessen an ihrer Qualität sind die beiden Weine in Südtirol merkwürdig unbekannt.

DIE WEINE VON SÜDTIROL

■ Der Betrieb

Der Thurnhof liegt zwischen Wohnsilos, Hochhäusern und einem Sportzentrum am östlichen Stadtrand von Bozen bei Haslach. Seit 1932 befindet er sich in Familienbesitz, nachdem er vor 1860 jahrhundertelang zum Kloster gehörte. Andreas Berger, Jahrgang 1966, hat den alten Hof, zu dem noch 7 Hektar Obstkulturen gehören, 1991 von seinem Vater übertragen bekommen. Seitdem hat sich in Weinberg und Keller viel geändert. Pergel gibt es nur mehr wenige, und im Keller stehen viele verschiedene kleine Fässer aus französischer Eiche. Die gut 2 Hektar Reben, die dem Thurnhof verblieben sind, liegen am Fuß des Virglberges und werden mit naturnahen Methoden bewirtschaftet. Daß es überhaupt noch 2 Hektar sind, ist Bergers Vater zu verdanken, der als ehemaliger Ortsobmann des Bauernbundes die Rebflächen vor den Bozener Baulöwen retten konnte.

■ Großer Cabernet

Dort wachsen jetzt zwei weiße (Sauvignon, Goldmuskateller) und drei rote Sorten (Vernatsch, Lagrein, Cabernet Sauvignon). Aus letzterer wird der beste Wein des Hofes gewonnen: ein kraftvoller und tanninreicher Wein, der im Inneren dennoch fein ziseliert ist und herrliche Cassis- und Brombeeraromen aufweist. Im Gegensatz zu vielen anderen Südtiroler Cabernets weist er kaum grasige Noten auf. Leider werden nur rund 1 300 Flaschen von ihm gefüllt.

■ Zivile Preise

Aber auch die anderen Weine dokumentieren das Können des eher stillen und bescheiden auftretenden Andreas Berger, der nur eine landwirtschaftliche, keine önologische Ausbildung besitzt und sich einen großen Teil seines Wissens in der Praxis angeeignet hat. Der Lagrein, von dem nur drei Barriques erzeugt werden, kommt zwar nicht an den Cabernet Sauvignon heran, liegt aber deutlich über dem Südtiroler Durchschnitt. Außerordentlich gut gelungen, dabei von feinen Kirsch- und Erdbeernoten getragen ist der St. Magdalener: einer der besten Weine seiner Kategorie überhaupt. Ebenfalls gut und trotz seiner kräftigen Brennessel-, Holunder- und Heunoten nicht zu blumig ist der Sauvignon. Alle »Thurnhof«-Weine werden zu zivilen Preisen angeboten.

EIGENBAUWINZER

Peter Dipoli

Villnerstr. 5, 39044 Neumarkt
Tel. und Fax 0471/954227

Rebfläche: 2,7 ha
Zukauf: keiner
Produktion: 21000 Flaschen
Vernatsch-Anteil: null

Peter Dipoli ist Apfelbauer und hat jahrelang die Südtiroler Winzer mit kritischen Kommentaren gereizt. Jetzt steht er selbst in der Kritik. Denn er hat sich entschlossen, Wein zu produzieren.

■ Die Weine
Sauvignon »Voglar«, Iugum (70 % Merlot, 30 % Cabernet Sauvignon).

■ Bewertung
Mit dem roten Iugum hat Dipoli einen meisterhaften Wein geschaffen, der zeigt, wie groß das Rotweinpotential Südtirols ist. Der Sauvignon »Voglar« besticht durch reintönige Fülle.

■ Der Betrieb
Jahrelang hat Peter Dipoli den Südtiroler Wein nur verkostet – meist mit spitzer Zunge. Selten konnte er ihn aus vollem Herzen genießen. Seine Vorliebe galt den großen piemontesischen, toskanischen oder ausländischen Gewächsen. Im Hauptberuf war er Obstbauer. 8,5 Hektar Apfelbäume besitzt die Familie auf dem Talboden bei Leifers,

und seines Vaters Wunsch war es, daß er den Hof eines Tages übernehme. So kommt es, daß Dipoli auch noch heute in erster Linie Apfelbauer ist. Allerdings hat er sich einen Traum erfüllen können und den Voglar-Weinhof zurückgekauft, der einst einer Tante gehörte. Das war 1987. Er befindet sich in Penon oberhalb von Kurtatsch. Zu ihm gehörte gut 1 Hektar terrassierte Hanglage, die Dipoli rodete und mit Sauvignon neu bestockte. Wenig später ergab sich die Chance, im benachbarten Margreid einen zweiten Weinberg in steiler Hanglage zu erwerben. Dort pflanzte er Merlot und Cabernet Sauvignon – in der Hoffnung, einen großen Rotwein erzeugen zu können.

■ **Bemerkenswerter Roter**

Bis heute produziert er nur mehr diese zwei Weine: den Sauvignon »Voglar« und den Rotwein. Iugum heißt er. Der Name steht gleichermaßen für das Joch, das den Ochsen angelegt wurde, um den Wagen zu ziehen, wie für ein altes Rebenerziehungssystem. Seit 1995 wird er erzeugt. Der erste Jahrgang gehörte zu den größten Rotweinen, die je in Südtirol produziert wurden. Der 96er geriet wesentlich leichter. Der 97er ist wieder groß, wenn auch nicht in dem Maße wie der 95er. Dem 98er fehlt es, trotz unübersehbarer Feinheit, etwas an Konzentration. Insgesamt jedoch ein ermutigender Anfang, insbesondere, wenn man bedenkt, daß Dipoli keineswegs mit niedrigen Erträgen arbeitet. 80 Doppelzentner pro Hektar erntet er, um mehr Menge zu bekommen und den Wein zu einem günstigen Preis anbieten zu können. Einer seiner Hauptkritikpunkte am Südtiroler Weinbau war immer die Preispolitik.

■ **Kontrastwein Sauvignon**

Den Sauvignon »Voglar« gibt es dagegen schon seit 1990. Dipoli hat ihn als opulenten, vollmundigen Wein konzipiert, der reife Fruchtnoten und keine Holunder- und schotigen Aromen aufweist – quasi ein Kontrastwein zu den Terlaner Sauvignons. Er versucht die Trauben so spät und dennoch so gesund wie möglich zu lesen, und er baut den Wein (bislang) konsequent im Stahltank aus. Mit seiner neuen Cantina in Neumarkt hat Dipoli endlich auch önologisch alle Möglichkeiten zur Verfügung, die nötig sind, um die letzten Feinheiten aus dem Wein herauszuholen.

EIGENBAUWINZER

Baron Dürfeld Giovanelli

M.-v.-Buol-Platz 4, 39052 Kaltern; Tel. 0471/960162, Fax 0471/965002
E-Mail: christian.giovanelli@dnet.it

Rebfläche: 12 ha
Zukauf: keiner
Produktion: 30 000 Flaschen
Vernatsch-Anteil: 25 %

Christian Dürfeld erzeugt eine der letzten Kalterersee Auslesen, die noch im gemischten Satz gekeltert sind. Manche halten sie für den besten Kalterer überhaupt.

■ Die Weine

Kalterersee Auslese, Kalterersee Auslese »Keil«, Cabernet Sauvignon.

■ Spezialität

Kalterersee Auslese »Keil«: Wein aus einer historischen Lage, in der der Vernatsch noch im gemischten Satz steht.

■ Bewertung

In Struktur und Stilistik einzigartig sind die Auslesen vom Kalterersee. Der Cabernet Sauvignon ist vielversprechend, doch eher frucht- als tanninbetont.

■ Der Betrieb

Er heißt Panholzerhof und liegt an einem Sträßlein, das von der Südtiroler Weinstraße hinunter zum Kalterer See führt. Ein alter, aus mächtigem Granitstein gefügter Hof inmitten von Rebenmeeren, in dem die Familie

Dürfeld Giovanelli seit über 250 Jahren Weinbau betreibt. Allerdings wurden die Trauben meist an Privatkellereien verkauft. Als der Baron Josef Dürfeld 1990 starb, übernahm sein Neffe Christian den Hof. Es war die Zeit, in der der Südtiroler Wein boomte, und so entschlossen sich dieser und sein »Schaffer« Alois Andergassen, eine kleine Menge Kalterersee Auslese auf die Flasche zu ziehen: ein himbeerfarbener, kräftiger Wein mit zartem Veilchenduft, der auf Anhieb zu überzeugen wußte.

■ **Junger Flaschenabfüller**

Noch besser gelang seine zweite Kalterersee Auslese aus der Lage »Keil«, benannt nach einem keilförmigen, 2,3 Hektar großen Rebstück, in dem noch seltene Vernatsch-Spielarten wie Mittervernatsch, Tschaggelevernatsch, Grauvernatsch und die sogenannten Edelschwarzen stehen. Früher galt »Keil« als die beste Lage am Kalterer See. (Die Hälfte der Trauben wird übrigens noch heute an die Kellerei Brigl verkauft, die den »Keil«-Vernatsch berühmt gemacht hat.)

■ **Versuche mit Cabernet Sauvignon**

Auf den wärmespeichernden Schuttböden nahe des Sees wurde inzwischen auch Cabernet Sauvignon gepflanzt. Die ersten Jahrgänge dieses Weines (mit einigen Anteilen Merlot), unter Anleitung des Winzerkollegen Franz Haas im Barrique ausgebaut, brachten einen schmelzigen, tanninweichen Wein, der sich schon früh mit Genuß trinken läßt. Übrigens können alle Dürfeld-Weine ab Keller probiert werden. Der Panholzerhof ist nämlich ein beliebter Buschenschank, in den Einheimische und weinhungrige Touristen abends gern einkehren, um ein Glas Wein zu Speck, Geselchtem oder anderen Kleinigkeiten aus der Küche von Marianne Andergassen zu sich zu nehmen (geöffnet ab 17 Uhr).

EIGENBAUWINZER

Franz Gojer »Glögglhof«

Rivelaunweg 1, 39100 Bozen/St. Magdalena
Tel. und Fax 0471/978775

Rebfläche: 3,6 ha
Zukauf: 15%
Produktion: 30 000 Flaschen
Vernatsch-Anteil: 75%

Hände so stark wie ein Schraubstock. Waden, die beim täglichen Weinbergsteigen gestählt wurden. Im Kopf die Idee eines St. Magdaleners, den man aus Burgundergläsern trinkt – das ist Franz Gojer.

■ Die Weine

Klassischer St. Magdalener, klassischer St. Magdalener »Rondell«, Lagrein, Merlot.

■ Bewertung

Wenn es eine Meßlatte beim St. Magdalener gibt, sind es die Weine von Franz Gojer. Lagrein und Merlot gehören ebenfalls zur Creme der Südtiroler Rotweine.

■ Der Betrieb

Er heißt »Glögglhof« und liegt gleich beim ersten Abzweig des schmalen Sträßchens, das von Bozen-Rentsch hinauf nach St. Magdalena führt. Er ist Wohnhaus und Keller Franz Gojers zugleich. Drei Generationen leben in ihm unter einem Dach. Die Reben wachsen direkt hinter dem Hof. Für Gojer, der nie ein Weinbaustudium absolviert hat, ist der Weinberg gleichsam die Universität des Lebens. Was Mikroklima, Bodenbesonderheiten, Klonenvielfalt bedeuten – er weiß es aus eigener, täglicher Erfahrung. 1,5 Hektar hat ihm sein Vater 1983 übergeben. Weitere 1,6 Hektar hat er hinzupachten können: genug für ein sorgenfreies, aber auch arbeitsreiches Leben.

■ Tanniniger St. Magdalener

Die Weine von Franz Gojer blamieren all jene, die den Vernatsch milde belächeln. »Für mich ist der St. Magdalener kein Vernatsch«, stellt Gojer denn auch gleich klar. Zumindest der seine besitzt Substanz und Frucht. Das allein wäre Gojer allerdings auch zuwenig. Er möchte Tiefe und Komplexität. Also liest er so spät wie möglich, und damit der Wein haltbarer wird, gibt er ihm etwas Gerbstoff mit – aber nicht durch übermäßige Beimengung von Lagrein, sondern durch Auspflanzung kleinbeeriger Vernatsch-Klone und durch Ausbau im (großen) Holzfaß. Das gilt besonders für den St. Magdalener »Rondell«. Im ersten Jahr schmeckt er noch »vernatschig«, im zweiten und dritten entwickelt er sich in Richtung eines kleinen Burgunders, den Gojer am liebsten aus dem Ballonglas trinkt.

■ Lagrein und Merlot

Gojer liebt den St. Magdalener, weil er delikat ist und sich doch unbeschwert trinken läßt. Aber er liebt auch dunkle, körperreiche Weine, wie sie aus der Vernatsch-Traube niemals gewonnen werden können. Aus Gries kauft er deshalb eine kleine Menge Lagrein-Trauben. In kleinen Jahren macht er aus ihnen einen fruchtigen, jungen Wein, in großen Jahren eine begeisternde, im kleinen Holzfaß ausgebaute Riserva. Damit nicht genug: Im Süden Bozens bei Spitz, wo Etsch und Eisack zusammenfließen, hat er auf einem halben Hektar ehemaliger Apfelplantagen Merlot gepflanzt. Die ersten Proben waren mehr als vielversprechend. Und den nächsten Wein hat er zumindest im Kopf schon skizziert: Cabernet aus dem St.-Magdalener-Hang.

EIGENBAUWINZER

Gottardi

Gebirgsjägerstr. 15, 39040 Neumarkt/Mazon
Tel. 0471/812773

Bruno Gottardi hat einen italienischen Namen und einen österreichischen Paß. In Innsbruck kennt man ihn als Weinhändler. Nun ist er in das Land seiner Vorfahren zurückgekehrt, um selbst Wein zu erzeugen.

■ Die Weine
Chardonnay, Gewürztraminer, Blauburgunder.

■ Bewertung
Ein mitreißender Blauburgunder (der in vielen Verkostungen vordere Plätze belegt hat), ein Chardonnay der besonderen Art (und Klasse) und ein begeisternder, aber eigenwilliger Gewürztraminer – triumphaler hätte der Einstand von Bruno Gottardi kaum ausfallen können.

■ Der Betrieb
Das Weingut von Bruno Gottardi liegt auf der Ostseite des Etschtals in Mazon. Bevor Gottardi es 1986 kaufte, war es unter dem Namen »Sarnheimhof« bekannt. Der Name mißfiel dem Neuankömmling ebenso wie der Zustand der Reben. Er rodete sie und legte die Weinberge völlig

Rebfläche: 6 ha
Zukauf: keiner
Produktion: 40 000 Flaschen
Vernatsch-Anteil: null

neu an: mit Sorten, die im hochgelegenen Mazon gut gedeihen, im Dichtstand (6000 Stöcke pro Hektar) und am Drahtrahmen. Seine Vision: fruchtbetonte, »heitere« Weine zu erzeugen, die gleichwohl Tiefe und Komplexität aufweisen. Insbesondere mit dem Blauburgunder hegte er sehr große Hoffnungen. 1994 errichtete er neben dem Berghof einen neuen, modernen Keller. 1995 war der erste Jahrgang, den er selbst abfüllte. Auf dem Etikett steht einfach »Weingut Gottardi«.

■ **Erwartungen erfüllt**

Der Blauburgunder erfüllte schon mit dem ersten Jahrgang seine Erwartungen: Er besaß Fülle, war vielschichtig und begeisterte mit seinem feinen Kirschen-, Pflaumen und Tabakaroma. Von seinem Vorsatz, ihn nur im großen Holzfaß auszubauen, rückte Gottardi schnell ab. Im Barrique, so erkannte er, bekommt die Frucht Schliff und der Wein Tiefe. Der Chardonnay hat seine Erwartungen sogar weit übertroffen. Ein Wein mit ganz eigener Stilistik: voll, mit feinen Mango- und Vanillearomen und einer mineralisch-fruchtigen Säure. Er wird im kleinen Eichenfaß vergoren und auf der feinen Hefe ausgebaut. Die Reben wachsen auf 400 Metern Höhe in einem malerischen Weinberg mit sonnigem, sich aber auch rasch abkühlendem Klima.

■ **Glück mit Gewürztraminer**

Als dritte Sorte pflanzte Gottardi den Gewürztraminer, der heute zwar überwiegend auf der gegenüberliegenden, wärmeren Talseite steht, früher von den Winzern jedoch regelmäßig auch in Mazon angebaut wurde. Gottardis Gewürztraminer – nur im Edelstahltank ausgebaut – ist vielleicht nicht ganz so stoffig wie die Weine aus Tramin, besitzt jedoch mehr Säure und blumige, exotisch-fruchtige Aromen. Gottardi selbst, der von seinem Sohn Alexander unterstützt wird, hat nie Weinbau studiert. Doch kennt er viele Weinanbaugebiete und Weingüter in aller Welt und hat sich durch die jahrzehntelange Beschäftigung damit ein fundiertes Wissen angeeignet.

KÖFERERHOF

Pustertalerstr. 5, 39040 Neustift/Vahrn
Tel. und Fax 0472/836649

Günther Kerschbaumer ist mit Rindern und Apfelbäumen aufgewachsen. Jetzt gehört er zur jungen Generation der Eisacktaler Weinbauern, die darum kämpfen, den Weinen ihres Anbaugebietes zu mehr Anerkennung zu verhelfen.

■ **Die Weine**

Müller-Thurgau, Silvaner, Kerner, Ruländer, Gewürztraminer.

■ **Bewertung**

Exzellente, charaktervolle Weine, die, auch wenn sie nicht die Fülle und Reife der Weine aus dem Überetsch oder gar dem Unterland aufweisen, durch ihre kristallin-klare Frucht und die stramme Säure begeistern.

■ **Der Betrieb**

Der Köfererhof liegt am Nordrand von Brixen an der alten Straße ins Pustertal. Er hat sich innerhalb weniger Jahren von einem Mischbetrieb mit Schwerpunkt Viehwirtschaft zu einem reinen Weinhof entwickelt. Die Weinberge liegen zwischen 630 und 680 Meter über Meereshöhe und sind die nördlichsten Ita-

Rebfläche: 5 ha
Zukauf: keiner
Produktion: 15 000 Flaschen
Vernatsch-Anteil: null

liens. Sie befinden sich auf einem kesselartigen Plateau oberhalb des Klosters Neustift. Die Reben ranken ausschließlich am Drahtrahmen. 1991 wurde ein Teil der Trauben zum erstenmal nicht verkauft, sondern selbst eingekellert, weil man Wein für den neu eröffneten Buschenschank brauchte. Inzwischen hat sich dieser zu einem respektablen Gasthof entwickelt, in dem bis zu 250 Menschen verköstigt werden können. Seitdem wird das gesamte Lesegut selbst gekeltert.

■ **Nur Weißweine**

Wandel und Aufstieg des Köfererhofes sind das Verdienst des jungen Laimburg-Absolventen Günther Kerschbaumer (Jahrgang 1970). Er hat sich mit Energie und Leidenschaft auf den Weinbau gestürzt und gilt heute als einer derjenigen Eisacktaler Weinbauern, die dem Weinbau des Eisacktales mehr Geltung verschaffen wollen und auf deren Weine die Fachwelt jedes Jahr mit großer Spannung wartet. Kerschbaumer produziert ausschließlich Weißweine, die durchweg erfrischend und fruchtig ausfallen, manchmal auch mit überraschend viel Körper aufwarten. Das gilt vor allem für den Ruländer, den besten Wein des Köfergutes: ein Wein von disziplinierter Fülle, dezentem Aroma mit obstigen Noten und viel weichem, erdigem Schmelz.

■ **Ausbau im Stahltank**

Der Brot- und Butterwein ist jedoch der Silvaner. Er kommt von den ältesten Reben des Weingutes (im Durchschnitt 20 Jahre alt) und überzeugt mit reifer, bisweilen ins Exotische gehender Frucht, feinen Zitrusnoten und leicht mineralischem Unterton. Etwas verhaltener wirkt der Kerner, aber mit unverkennbarem Riesling-Charakter. Der trockene Gewürztraminer besitzt eine schöne Würznote, fällt aber recht leicht aus. Der Müller-Thurgau ist ein typischer Bergwein, der in der eigenen Gastwirtschaft offen ausgeschenkt wird. All diese Weine werden ausschließlich im Edelstahltank ausgebaut. Ab dem Jahr 2000 wird das Sortiment durch einen Riesling erweitert, später möglicherweise auch durch einen Rotwein. Kerschbaumer hat jedenfalls schon mal versuchsweise Blauen Zweigelt gepflanzt.

EIGENBAUWINZER

Baron von Kripp
»Stachlburg«

P.-Mitterhofer-Str. 2, 39020 Partschins
Tel. und Fax 0473/968014

Sigmund Baron von Kripp ist ein weinbauernder Impresario, dessen Aktionsradius weit über den Vinschgau hinausreicht. An Unternehmergeist und Selbstbewußtsein fehlt es ihm nicht – auch nicht beim Wein.

■ Die Weine

Chardonnay, Gewürztraminer, Vernatsch, Blauburgunder.

■ Bewertung

Der Chardonnay ist ungewohnt säurebetont und besticht durch individuelle Qualität. Der Blauburgunder erreicht nicht die Fülle der Weine aus dem Unterland, besitzt aber – neben seiner unnachahmlich frischen Frucht – dennoch Tiefe. Der Gewürztraminer bleibt unter den Erwartungen. Der Vernatsch ist ein Jausenwein.

Rebfläche: 2,2 ha
Zukauf: keiner
Produktion: 7 000 Flaschen
Vernatsch-Anteil: 40 %

■ Der Betrieb

Die »Stachlburg« liegt im Zentrum von Partschins, einem am Eingang zum Vinschgau gelegenen Touristen- und Obstbaudorf. Seit 1540 gehört sie der Familie von Kripp. Im Vergleich zu den 20 Hektar Obstkulturen nehmen sich die 2,2 Hektar Reben, die zum Umschwung der »Stachlburg« gehören, gering aus. Doch gilt dem Wein und nicht dem Obst der große Ehrgeiz des Barons Sigmund von Kripp. Mit Chardonnay und Blauburgunder versucht er, ein klein wenig von der vornehmen burgundischen Weinkultur ins Vinschgauer Tal zu bringen. Er ist ein vor Ehrgeiz sprühender Mann, in Südtirol als streitbarer Geist bekannt, der auch schon als (Oppositions-) Parteigründer in Erscheinung getreten ist. An Unternehmergeist (ein Betrieb in Tschechien, ein Weingut im ungarischen Tokay) fehlt es ihm ebenso wenig wie an Selbstbewußtsein.

▪ Burgund im Vinschgau

Der Blauburgunder findet in Partschins keine leichten Anbaubedingungen vor. Nur in sehr guten Jahren wartet er mit Dichte, Struktur und einer Komplexität auf, die deutlich über die reine Frucht hinausgeht. In solchen Jahren muß sich der Wein vor den besten Südtiroler Blauburgundern keineswegs verstecken. In weniger günstigen Jahren blieb er bislang allerdings blaß.

Von Kripp läßt den Wein in (teilweise neuen) Barriques reifen. Für die Qualität des Weines wichtiger ist die mustergültige Weinbergarbeit. So hat von Kripp gelernt, daß die Trauben in 700 Metern Höhe, in der seine Weinberge liegen, nur durch konsequentes Ausdünnen zur Vollreife zu bringen sind.

▪ Rassiger Chardonnay

Noch mehr Mut gehörte dazu, in Partschins Chardonnay zu pflanzen. Um einen Wein nach Burgunder Art mit Fülle und Komplexität zu erhalten, sind die Temperaturen im Vinschgau zu kühl. Deshalb hat der Baron, der mehr Wert auf seinen Diplomingenieur legt (erworben an der Weinbauschule in Geisenheim am Rhein) als auf seinen Adelstitel, sich entschlossen, gar nicht erst einen solchen Wein anzustreben. Sein Chardonnay ist pikant-fruchtig mit Apfel- und Grapefruitaromen, dazu von einer kräftigen Säure durchzogen. Er wird nicht im Holzfaß, sondern im Edelstahltank vergoren und ausgebaut. Auch einen biologischen Säureabbau hat er nicht durchgemacht. Bleibt der Vernatsch, der von gepachteten Weinbergen bei Kastelbell im mittleren Vinschgau kommt: ein (angesichts der Herkunft) überraschend wohlgeratener Tropfen, der zumindest als »Marendwein« zur Speckjause trefflich paßt.

EIGENBAUWINZER

Laimburg

Pfatten, 39040 Auer; Tel. 0471/969700, Fax 0471/969799
E-Mail: klaus.platter@provinz.bz.it

Die Weine des landeseigenen Versuchsinstituts sind keine Monumente, aber ein Spiegel des steigenden Qualitätsniveaus und der Rebenvielfalt Südtirols.

■ Die Weine

Weißburgunder, Sauvignon, Chardonnay, Chardonnay »Doa«, Müller-Thurgau, Pinot Grigio, Gewürztraminer, Riesling, Vernatsch, Kalterersee »Ölleiten«, Blauburgunder, Merlot, Lagrein Dunkel, Cabernet, Rosenmuskateller.

■ Spezialität

Rosenmuskateller: ein feiner, natürlich-cremiger Wein, dessen Trauben im Oktober gelesen, dann bis Dezember auf Stroh getrocknet und schließlich im Barrique vergoren werden.

■ Bewertung

Alle Weißweine sind sehr sauber vinifiziert und auf gutem Niveau. Um als Spitzengewächse angesehen zu werden, sind sie allerdings zu unauffällig. Bei den Roten besitzen Lagrein und Cabernet Riserva viel Substanz. Schwächen werden manchmal

Rebfläche: 36 ha
Zukauf: keiner
Produktion: 240 000 Flaschen
Vernatsch-Anteil: 20 %

beim Umgang mit Barriques deutlich.

▪ Der Betrieb

Die Ruine der Laimburg hoch über dem Kalterer See hat den Namen für das Landesweingut beigesteuert, das selbst in Pfatten am Fuße des Mitterbergs steht. Träger ist die Provinz Bozen. Seine Aufgabe ist es, weinbauliche und kellertechnische Versuche mit allen in der Provinz angebauten Rebsorten bzw. Weinen durchzuführen. Die Laimburg, wie die Südtiroler sie abkürzend rufen, besitzt einen Versuchskeller mit Möglichkeiten zur Mikrovinifizierung, und die Höfe mit den 36 Hektar Weinbergen liegen über die gesamte Bozener Provinz verstreut. Freilich ist das Landesgut keine Behörde. Es arbeitet marktorientiert und muß seine Kosten durch den Weinverkauf weitgehend selbst decken. Es besitzt moderne Verkostungsmöglichkeiten und einen Verkaufsraum.

▪ Feiner Gewürztraminer

Der wuchtige Gewürztraminer, direkt um das Gut gewachsen, ragt (in entsprechenden Jahren) ebenso aus der Produktion heraus wie der Sauvignon blanc mit seiner betonten Säure – bei Weißweinen aus Südtirol nicht immer eine Selbstverständlichkeit. Die beiden Chardonnay sind dagegen von einfachem Zuschnitt. Der barriquevergorene »Doa« wirkt etwas grob (Doa ist der ladinische Name für Gröden, jenes Tal, aus dem der Kellermeister Urban Piccolruaz kommt). Der Kalterersee vom Ölleitenhof macht zwar keine Schlagzeilen, doch gehört er zu den kraftvollsten Weinen seiner Kategorie. Blauburgunder und Merlot wirken etwas schwach auf der Brust, im Gegensatz zu Lagrein Dunkel und Cabernet Riserva. Diese werden zu 100 % im Barrique ausgebaut, wobei der Holzton sehr laut und nicht immer sonderlich fein wirkt.

EIGENBAUWINZER

LOACKER

St. Justina 3, 39100 Bozen; Tel. 0471/365125, Fax 0471/365313
E-Mail: tenute@loacker.net, Internet: www.loacker.net

Rainer Loacker, ein Verfechter der natürlichen Lebensweise, hat sich dem biologischen Weinbau verschrieben – aber dem Genuß nicht verschlossen.

■ **Die Weine**

Silvaner »Kalter Keller«, Gewürztraminer »Kalter Keller«, Chardonnay »Ateyon«, Sauvignon »Tasnim«, Vernatsch »Raetinello«, St. Magdalener classico »Morit«, Pinot Nero, Lagrein »Piz Thurü«, »Jus Osculi« Cuvée, Cabernet Sauvignon »Kastlet«.

■ **Bewertung**

Überwiegend feine und charaktervolle Weine mit Spitzen bei St. Magdalener, Cabernet Sauvignon und Blauburgunder. Die anderen Weine liegen deutlich über dem Durchschnitt, brauchen aber Zeit, um ihre Feinheiten zu zeigen. Albern sind die Phantasienamen, die die Weine auf dem Etikett tragen.

Rebfläche: 7 ha
Zukauf: 10 %
Produktion: 70 000 Flaschen
Vernatsch-Anteil: 50 %

■ **Der Betrieb**

Er heißt Schwarhof und liegt direkt neben dem Kirchlein von St. Justina am Ritten. Ein alter Bergbauernhof, den Loacker stilvoll und stimmig renoviert hat. Die Fässer und Tanks sind in den ehemaligen Stallungen, im Gerätestadl und in einem kleinen unterirdischen Keller untergebracht, der neu gebaut wurde. Der Name Loacker ist in Ritten wohlbekannt. Die Familie besitzt dort eine Fabrik für Schokowaffeln. Rainer Loacker hat sich beizeiten aus dem Geschäft zurückgezogen und als Verfechter der natürlichen Lebensweise eine Firma für Heilkräutertees gegründet. Doch sein Herz schlägt für den Weinbau, dem er »aus Lust und Leidenschaft« frönt. Daß er ihn biologisch betreibt, ist für ihn selbstverständlich.

■ **Nicht alles Spitze**

Inzwischen hält sich Loacker überwiegend in der Toskana auf, wo er zwei weitere Weingüter erworben hat. Die Weinproduktion des Schwarhofs liegt seit 1998 in den Händen seines Sohnes Hayo, der vier Jahre in Dijon Önologie studiert hat und seine Lehr- und Wanderjahre in Kalifornien, Südafrika und Bordeaux verbracht hat. Er ist dabei, das Weinsortiment zu straffen und den Vernatsch-Anteil zu reduzieren. Alle seine Weine werden nur aus Vorlaufmost gewonnen. Der Preßmost wird offen verkauft. Qualitätsabstufungen gibt es nicht. Freilich war bis zum Sommer 1999, dem Zeitpunkt meiner letzten Verkostungen, noch längst nicht alles spitzenwürdig. Der Lagrein befindet sich noch im Experimentierstadium, der Cabernet Sauvignon ist Mittelmaß. Der Chardonnay profitiert zwar von der nur noch moderaten Verwendung des Barriques, bleibt aber ein Genrewein.

■ **Starke Rotweine**

Die Stärken der Schwarhof-Weine liegen eindeutig bei den Rotweinen. Der erdbeerrote St. Magdalener besitzt Tiefe. Die »Jus Osculi« Cuvée ist der Versuch, den St. Magdalener durch Beigabe von Cabernet Sauvignon (8 %), Lagrein (5 %) und Blauburgunder (2 %) »aufzuwerten«, was umstritten, in diesem Fall aber gelungen ist. Der Cabernet Sauvignon mit seinem Kirsch- und Amarenabouquet ist ein kräftiger, maskuliner Wein, der durchaus Feinheiten aufblitzen läßt. Überraschend gut fällt der Blauburgunder aus mit seinem begeisternden Bouquet nach Pflaumen, Tabak und Gewürzen. Er wächst am kühlen Osthang von St. Magdalena und ist der wohl kompletteste Wein des Betriebes. Die Trauben für die restlichen Weißweine werden aus dem Eisacktal zugekauft. Bemerkenswert: der Gewürztraminer.

EIGENBAUWINZER

MANINCOR

St. Josef am See 4, 39052 Kaltern
Tel. 0471/960043, Fax 0471/964687

Rebfläche: 9 ha
Zukauf: keiner
Produktion: 70 000 Flaschen
Vernatsch-Anteil: 40 %

Zu zeigen, daß in Kaltern mehr als nur Vernatsch reifen kann, ist der Ehrgeiz derer von Enzenberg, eines uralten Tiroler Grafengeschlechts, das erst vor wenigen Jahren begonnen hat, seinen Wein selbst abzufüllen.

■ Die Weine

Goldmuskateller, Terlaner Weißburgunder, Cuvée Sophie (Chardonnay, Weißburgunder), Kalterersee Auslese, Blauburgunder »Mason«, Cabernet Sauvignon »Cassiano«.

■ Spezialität

Goldmuskateller: ein nahezu trockener Wein, der von einer steilen Lage oberhalb Kalterns stammt (bewirtschaftet mit der einzigen Seilzuganlage Südtirols).

■ Bewertung

Noch junger, aber ehrgeiziger Produzent, der aufgrund seiner warmen Lagen am Kalterer See gute Voraussetzungen für Cabernet mitbringt. Unter den Weißweinen besticht vor allem die feine, cremige Cuvée Sophie.

Der Betrieb

Er heißt Ehrenhausen oder besser: Manincor, benannt nach dem ehemaligen Schatzkämmerer des Erzherzogs Maximilian III. von Österreich, Hieronymus Manincor. Er liegt direkt an der Südtiroler Weinstraße oberhalb des Kalterer Sees. Der größte Teil der Trauben wird an die Kellerei Kaltern geliefert. Anfang der 90er Jahre traten die Grafen Enzenberg, die heutigen Besitzer, mit 9 (ihrer insgesamt 35) Hektar aus der Genossenschaft aus, um selbst Wein zu keltern. 1996 füllten sie ihn erstmals ab.

Spitzenweine in Barriques

Der heutige Betriebsleiter ist Michael Graf Goess-Enzenberg. Er hat die Weinbauschule in Geisenheim besucht und ein Jahr lang im kalifornischen Santa Barbara Erfahrungen gesammelt, vor allem mit dem Barrique-Ausbau. Die kleinen Eichenholzfässer spielen auf Manincor denn auch eine sehr große Rolle, zumindest bei den Spitzenweinen. »Große Weine, kleine Fässer« umschreibt er seine Weinphilosophie. Mit diesen Fässern, mit den guten Lagen und mit Erträgen, die bei der Hälfte der gesetzlichen D.O.C.-Höchstmenge liegen, zielt Graf Enzenberg auf Spitzenqualitäten.

Cabernet Sauvignon statt Vernatsch

Fruchtig-weich, fast schmalzig und mit einem feinen, pikantpfeffrigen Unterton – so präsentiert sich der »Cassiano«, ein typischer Kalterer Cabernet Sauvignon. Er wächst auf den warmen, seenahen Weinbergen unterhalb des Hofes, in denen früher ausschließlich Vernatsch stand. Auch aus Kaltern, aber aus einem kühleren, 400 Meter hoch gelegenen Weinberg kommt der Blauburgunder »Mason«. Ein schmelziger Wein mit schöner Pflaumenfrucht, weicher und weniger scharf konturiert als die Blauburgunder aus Mazon von der gegenüberliegenden Talseite. Im kleinen Holzfaß vergoren ist die weiße Cuvée Sophie, benannt nach Graf Enzenbergs Frau. Vom Terlaner Weißburgunder reift dagegen nur ein ganz geringer Teil im kleinen Holzfaß. Die Kalterersee Auslese sieht gar kein Holz – ein delikater Tischwein ohne hochfliegende Ansprüche.

EIGENBAUWINZER

JOSEPHUS MAYR »UNTERGANZNERHOF«

Kampillerweg 15, 39053 Kardaun bei Bozen
Tel. und Fax 0471/365582

Von der Presse und Weintrinkern weitgehend ignoriert, lebt Josephus Mayr in schönstem Frieden mit sich selbst. Daß aus seinem Keller Spitzenweine kommen, wissen nur wenige Kenner.

■ Die Spitzenweine

Composition Reif (80% Cabernet Sauvignon, 20% Lagrein), Lamarein (Lagrein) »Cuvée Dante«.

■ Die anderen Weine

Sauvignon, Chardonnay, St. Magdalener, St. Magdalener klassisch, Lagrein Kretzer, Lagrein, Lagrein Riserva, Cabernet Sauvignon.

■ Spezialität

Lagrein Kretzer »Späte Lese«: ein hochreifer Lagrein Rosé, der im Barrique vergoren wurde. Ein spleeniger Wein, doch am Gaumen fein und edel.

Rebfläche: 6 ha
Zukauf: keiner
Produktion: 35 000 Flaschen
Vernatsch-Anteil: 40%

■ Bewertung

Lagrein Riserva, Composition Reif und Lamarein gehören eindeutig zu den Spitzen Südtirols.

Auch der klassische St. Magdalener ist weit mehr als nur ein einfacher Vernatsch-Wein.

■ Der Betrieb

Der Unterganznerhof liegt an der Brenner Staatsstraße in Kardaun, einem östlichen Vorort Bozens. Wer sich ihm von der hölzernen Brücke über den Eggentalerbach nähert und durch den parkartigen Garten schreitet, der hat den Eindruck, daß der vorbeibrausende Verkehr der würdevollen Ruhe, die dieser über 350jährige Erbhof ausstrahlt, nichts anhaben kann. Und wer das Wohnhaus der Familie Mayr mit seiner fast musealen Einrichtung betritt, der findet ein Stück altes Südtirol vor, das viele schon vergessen glauben.

Josephus Mayr, Jahrgang 1960, lebt dort mit seiner Frau Barbara, seinen fünf Kindern, mit Vater, Mutter, Tante. Er ist ein mitteilsamer, völlig unbeschwerter Mensch, der zwar in der Feuerwehrkapelle seines Dorfes die Pauke schlägt, beim Wein aber nicht durch Lautstärke auf sich aufmerksam macht. Er wandelt auf eigenen Wegen, die gelegentlich sonderbar anmuten, aber am Ende immer zu Weinen geführt haben, die zu den schönsten und, pardon, größten Südtirols gehören. 40 % werden noch im Faß verkauft.

■ Lagrein-Spezialist

Mayrs Reben stehen größtenteils auf den Schwemmlandböden am Zusammenfluß von Eisack und Eggentalerbach. Ein erheblicher Teil ist mit Lagrein bestockt. Mayr ist nämlich Lagrein-Spezialist. Mehr noch: In seinen Weinbergen finden sich 17 verschiedene, teils sehr alte Lagrein-Klone. Von dieser einmaligen genetischen Vielfalt profitieren seine Weine ebenso

wie die vieler Mitbewerber: Manch Südtiroler Spitzenproduzent hat nämlich sein Rebmaterial vom »Unterganzner« bekommen, wie Mayr nicht ohne Stolz berichtet.

■ Autodidakt

Nach nur einem Jahr Ausbildung an der Versuchsanstalt Laimburg mußte er mit 21 Jahren den Hof übernehmen. Den größten Teil seines Wissens hat er sich selbst angeeignet. Was den Lagrein angeht, ist er bis heute der Pergel treu geblieben. Doch

werden die Trauben im August erbarmungslos ausgedünnt, und zwar um 50 bis 60 %.

Der einfache Lagrein von alten Reben kommt aus dem Nachbarort Kampill im Eisacktal und reift ganz traditionell im großen Holzfaß, die Lagrein Riserva 18 Monate in französischen Barriques und Tonneaux, was das kräftige Beerenaroma allerdings nicht schmälert, das dieser Wein reichlich hat. Sein normaler Lagrein Kretzer ist einer der besten seiner Kategorie. Er ist nach der Art des alten »Bauernkretzers« gekeltert: hat also nicht nur ein paar Stunden, sondern ein paar Tage auf der Maische gestanden und ist dadurch wesentlich farbintensiver und gehaltvoller als die modernen Kretzer.

■ Opulenter Cabernet Sauvignon

Doch Josephus Mayr setzt nicht nur auf Lagrein. Als erster pfropfte er 1985 Cabernet Sauvignon auf Vernatsch-Reben – und wurde verlacht. »Unsere Reben stehen am wärmsten Fleck Südtirols«, rechtfertigt er sich. »Sie haben eine gute Chance, jedes Jahr voll auszureifen.«

Bei Neuanlagen setzte er 10 000 Stöcke auf den Hektar, um die Erträge der einzelnen Stöcke besonders niedrig halten zu können. Der einfache Cabernet Sauvignon ist beachtlich. Sein Spitzenwein Composition Reif, ein Wein, aus spätgelesenen Trauben gekeltert (und zu 100 % in neuen Barriques gereift), ist fürwahr einer der besten Cabernet Sauvignons Südtirols.

■ Lagrein-Passito

An Fülle übertroffen wird er nur noch vom Lamarein: einem Lagrein aus Trauben, die bis Dezember auf Stroh getrocknet und dann erst gekeltert werden. »Cuvée Dante« hat er ihn genannt und das Etikett mit einem Motiv aus der »Göttlichen Komödie« versehen.

Der Lamarein ist ein extrem tanninreicher Wein mit über 15 Vol.% Alkohol, aber glücklicherweise ohne den schokoladig-süßen Beiton, den so viele Passito-Weine aufweisen. Lamarein und Composition Reif sind – im Gegensatz zum sonstigen Sortiment – sehr teuer. Sie werden bisher nur in Kleinstmengen produziert. Allerdings hat Mayr vor, die Produktion auszuweiten.

■ **Oliven am Ritten**
Kardaun liegt im Anbaugebiet von St. Magdalena. Knapp die Hälfte der Rebflächen des Unterganznerhofes sind deshalb noch mit Vernatsch bestockt. Mayrs einfacher St. Magdalener ist hellfarbig und mandeltönig: ein etwas schlichter Jausenwein. Sein klassischer St. Magdalener ist interessanter: ein opulenter, kräftiger Wein, den der Zusatz einer kleinen Menge (im Barrique gereiften) Lagrein Spätlese mehr Fülle gegeben hat. Mayr trinkt ihn aus Burgunderkelchen. Übrigens hat der Vernatsch-Anteil des Unterganznerhofes eine stark abnehmende Tendenz. Wo möglich, pfropft Mayr Cabernet Sauvignon oder Lagrein auf die Vernatsch-Reben. Auch ein paar Olivenbäume hat er bei St. Justina gepflanzt, nachdem die Vernatsch-Pergel gerodet worden waren. An den warmen Hängen des Ritten, glaubt er, könnte ein gutes Olivenöl entstehen.

EIGENBAUWINZER

Andreas Menz »Popphof«

Mitterterzerstr. 5, 39020 Marling
Tel. und Fax 0473/447180

Rotwangig und mit kantigen Gesichtszügen – Andres Menz ist ein echter Weinbauer. Von ihm kommen einige der besten unbekannten Weine Südtirols.

■ Die Weine
Weißburgunder, Lagrein Kretzer, Vernatsch, Blauburgunder, Cabernet.

■ Bewertung
Durchweg erstklassige Qualitäten bei allen Weinen, auch wenn sie die Eleganz und nicht die Fülle betonen. Der Cabernet könnte sogar als erstes Gewächs angesehen werden.

■ Der Betrieb
Der historische Popphof liegt in Marling im Burggräfler Land, das mehr für seine Meraner Kurtrauben als für gute Weine bekannt ist. Doch wird auf dem historischen Hof, dessen Fundamente tausend Jahre alt sind, schon lange Wein erzeugt, laut hauseigenen Aufzeichnungen sogar schon seit 1722. Als Andreas Menz den Hof 1986 nach dem Tod seines Vaters übernehmen mußte, war allerdings keineswegs gewiß,

Rebfläche: 4,5 ha
Zukauf: keiner
Produktion: 25 000 Flaschen
Vernatsch-Anteil: 25 %

ob der Wein eine Zukunft haben würde. Menz, damals noch von Kopf bis Fuß Obstbauer, hegte eine Abneigung gegen Wein und hatte vor, den Keller, in dem sein Vater für damalige Verhältnisse große Weine erzeugt hatte (1959 eine Goldmedaille auf der Bozener Weinkost für einen Blauburgunder), einfach mit Schotter aufzufüllen. Am Ende überlegte er es sich anders und ist inzwischen ein überzeugter Weinbauer. Sein Keller ist blitzsauber und modern eingerichtet, und die Weine des Popphofes gehören, wie Menz genau weiß, zu den raren, nur Fachleuten bekannten Perlen Südtirols.

■ Moderner Traditionalist

Die hausbackenen, traditionellen Etiketten spiegeln die bäuerlich-konservative Grundhaltung Menz' wider. Diese hielt ihn jedoch nicht davon ab, sich neuen Sorten zuzuwenden: etwa Cabernet Sauvignon zu pflanzen. Sein 95er Cabernet wurde schnell ein gesuchter Wein und von den Kritikern mit viel Lob gepriesen. Der 96er gelang ebenso gut, der 97er sogar noch besser. Mit seiner vielschichtigen und eleganten Frucht, die kaum grasige Noten enthält, seinem dezent an Lakritze und Leder erinnernden Unterton, vor allem aber mit der weichen Textur, die den einjährigen Ausbau in Barriques geschmacklich kaum merken läßt, ist dies einer der schönsten Cabernets Südtirols – auch wenn er nicht ganz über die Üppigkeit der Weine des Unterlandes verfügt (70% Cabernet Sauvignon, 30% Cabernet franc).

■ Neue Cuvée

Seinen Blauburgunder baut Menz dagegen aus Überzeugung nicht in Barriques, sondern in großen slowenischen und ungarischen Akazienfässern aus. Auch er ist von überraschend guter Qualität, jedoch nicht immer ganz so bezwingend wie der Cabernet. Mit dem Weißburgunder beweist Menz einmal mehr, daß gerade weinbauliche Randgebiete wie das Meraner Bekken, die klimatisch Grenzlagen sind, äußerst interessante und charaktervolle Weine hervorbringen können: eher stahlig als weich, dabei von einer nervigen Säure durchzogen und von reifen Obstaromen geprägt. Aus dem Lagrein wird im kühlen Klima und auf den schweren Böden Merans nur ein fruchtbetonter, jedoch delikater Kretzer. Der Vernatsch ist bieder, macht aber nur einen geringen Anteil der Produktion aus. Inzwischen experimentiert Menz mit einer Merlot-Lagrein-Cuvée, die ganz in Barriques reift. Sie kommt im Jahre 2001 auf den Markt.

EIGENBAUWINZER

Georg Mumelter »Griesbauerhof«

Rentscher Str. 66, 39100 Bozen
Tel. und Fax 0471/973090

Weinberge: 3 ha
Zukauf: keiner
Produktion: 14 000 Flaschen
Vernatsch-Anteil: 90 %

Der in Bozen beheimatete Griesbauer Georg Mumelter ist einer jener stillen, fleißigen Winzer, die sich auf dem glatten Parkett des Weines noch schwertun. Dabei hat er ein Pfund, mit dem er wuchern kann.

■ Die Weine

Ruländer, Grauvernatsch, St. Magdalener, Lagrein.

■ Bewertung

Mit seinem Ruländer ist Mumelter ein großer Wurf gelungen. Beim St. Magdalener ist er auf einem gutem Weg. Beim Lagrein bleibt er unter seinen Möglichkeiten.

■ Der Betrieb

Der Griesbauerhof von Georg Mumelter liegt direkt an der Brennerstraße im Bozener Stadtteil Rentsch. Ein unauffälliger Hof, an dem der Verkehr vorbeizieht, obwohl sich ein Tritt auf die Bremse für viele Autofahrer lohnen würde.

Georg Mumelter ist ein kleiner, noch wenig bekannter, doch

sehr bemühter Winzer, der über hervorragende Lagen am Fuße des Ritten verfügt. Zwar ist noch längst nicht alles, was aus seinem Keller kommt, von höchster Güte. Doch einige seiner Weine liegen deutlich über dem Durchschnittsniveau Südtiroler Eigenbauwinzer.

■ Obstbau dominiert noch

Der Griesbauerhof, ein über 200jähriger Erbhof, ist ein klassischer Gemischtbetrieb, in dem der Obstbau den Weinbau noch deutlich dominiert. Die Reben stehen gleich hinter dem Hof am Fuße des Ritten auf sandigen Lehm- und Kiesschotterböden, die vom Rivelaunbach zurückgelassen wurden. Sie gehören zum klassischen Anbaugebiet des St. Magdaleners. Über die Hälfte des Weines wird noch immer im Faß verkauft, die andere Hälfte zwar auf der Flasche, aber größtenteils als einfacher Edelvernatsch vermarktet, um den Kunden einen günstigen Preis machen zu können. Interessanter als dieser ist der St. Magdalener mit seiner reintönigen, schmelzigen Frucht und dem feinen Bittermandelton im Abgang. Mumelter will aus ihm keinen »schweren« Wein machen. Er reduziert den Lagrein-Anteil auf unter 5% oder darunter: »A süffig's Weindl« nennt er ihn.

■ Üppiger Ruländer

Sein bester Wein ist ein Weißer: der Ruländer. Ein üppiger, körperreicher Wein, der in dem warmen Mikroklima gut und gerne 14 Vol.% Alkohol aufweisen kann und kräftige Aromen von Quitte, Lychee, Banane und anderen exotischen Früchten entwickelt. Mumelter läßt den Wein den biologischen Säureabbau machen und baut ihn dann zur Hälfte im Stahltank, zur anderen Hälfte im Barrique aus. Beide Partien werden später miteinander verschnitten. Ein bemerkenswerter Wein, der leider den Nachteil hat, nur in sehr geringen Mengen verfügbar zu sein. Auch wenn Mumelter manchmal den Eindruck macht, als sei es ihm gar nicht recht, daß die Zukunft seines Hofes beim Wein statt bei den Äpfeln liegt, fühlt er sich durch den Pinot Grigio, wie er seinen Ruländer nennt, zu neuen Taten ermutigt. Eine Vernatsch-Anlage, die er versuchsweise auf Drahtrahmen gezogen hat, will er auf Cabernet Sauvignon umpfropfen. Und der noch etwas dürftig ausgestattete Keller soll ebenfalls modernisiert werden.

EIGENBAUWINZER

IGNAZ NIEDRIST

Runggweg 5, 39050 Girlan
Tel. und Fax 0471/664494

Rebfläche: 5 ha
Zukauf: keiner
Produktion: 25 000 Flaschen
Vernatsch-Anteil: null

Der Mann mit der Nickelbrille und den rötlich blonden Locken hat eine Vision: einen großen Südtiroler Rotwein zu erzeugen – oder auch zwei.

■ Die Weine

Terlaner Weißburgunder, Terlaner Sauvignon, Riesling, Blauburgunder, Lagrein »Berger-Gei«, Merlot.

■ Bewertung

Seit Jahren aufstrebender, äußerst zuverlässiger Betrieb, der delikate Weißweine erzeugt und mit viel Mut und Experimentierfreude nun an seinen Rotweinen feilt.

■ Der Betrieb

Ignaz Niedrist wird immer noch zu den »Jungen Wilden« gezählt, auch wenn er so jung (Jahrgang 1960) nicht mehr und wild schon gar nicht ist. Er gehörte Anfang der 90er Jahre zu den ersten Eigenbau-Winzern, die mit neuen, in Südtirol bis dato unbekannten Qualitäten vor allem bei den Weißweinen aufwarteten. Die saubere, säurebetonte Stilistik seines Weißburgunders und seines Sauvignons hob diese aus der Masse der Südtiroler Weine heraus und verschaffte dem Absolventen der Weinbauschule im württembergischen Weinsberg im Ausland großes Ansehen – und in Südtirol manchen Neider.

■ **Weißweine als Basis**

1990 hatte Niedrist – vorher Kellermeister bei den Genossenschaften in Girlan und Schreckbichl – den Rungghof seines Onkels samt drei Hektar Reben übernommen, alle in Girlan gelegen und größtenteils mit Vernatsch bestockt. Er riß sie heraus und pflanzte statt dessen Weißburgunder und Blauburgunder, jene beiden Sorten, die in dem kühlen Klima von 450 Metern Höhe am besten gedeihen, dazu »aus Jux« ein wenig Riesling. Einen weiteren Hektar kaufte er 1994 in Girlan hinzu. Außerdem überläßt ihm der begüterte Schwiegervater die Lagrein-Trauben von einem Hektar in Bozen-Gries.

■ **Ehrgeiz mit den Roten**

Niedrists Weißweine gehören in die Premium-Kategorie. Er vergärt sie im Edelstahl und baut sie auf der Feinhefe im mittelgroßen Holzfaß aus. Bei den Rotweinen ist die Lage diffiziler. Der Blauburgunder besitzt ein herrliches Pflaumen-Aroma. Wegen des fehlenden Tanninrückgrates entwickelt er jedoch nicht die Vielschichtigkeit anderer Südtiroler Blauburgunder. Ganz anders der Lagrein »Berger-Gei«: schwarzrot in der Farbe, dicht gewoben und weich in der Textur mit zarten Mokkatönen und herzhafter Kirschfrucht. Niedrists neueste Errungenschaft ist ein Merlot. Erstmals 1997 gekeltert, ist er für weinbegeisterte Südtiroler Gastronomen schon jetzt einer der besten Rotweine des Landes: ein fleischiger, ungewöhnlich facettenreicher Wein, der weniger durch seine Wucht als durch seine Eleganz fasziniert (mit 30% anderen Sorten, unter anderem auch für Südtirol wenig typischen).

EIGENBAUWINZER

GRAF PFEIL »ANSITZ KRÄNZL«

Gampenstr. 1, 39010 Tscherms
Tel. und Fax 0473/564549

Franz Pfeil, der auf seinen Grafentitel äußerst wenig Wert legt, paßt nicht so recht in das Bild eines alpenländischen Weinbauern. Er ist heiter und nachdenklich zugleich und immer offen für Neues, ja ausgesprochen experimentierfreudig. Seinen delikaten Weinen merkt man das an.

■ Der Spitzenwein
Sagittarius (Cabernet, Merlot, Lemberger).

■ Die anderen Weine
Weißburgunder, Weißburgunder Auslese, Chardonnay, Sauvignon, Justinus (Kerner, Riesling), Meraner Hügel, Vernatsch »Brunnenburger«, Vernatsch »Schloß Baslan«, Vernatsch »Schloß Braunsberg«, Blauburgunder, Cabernet, Blanc de Noir (Blauburgunder Rosé).

■ Spezialität
»Dorado«: eine edelsüße Trokkenbeerenauslese aus Weißburgundertrauben, nach getrockneten Feigen und Honig duftend, mit über 100 Gramm Restzucker einer der opulentesten und teuersten Süßweine Südtirols.

Rebfläche: 5,5 ha
Zukauf: keiner
Produktion: 30 000 Flaschen
Vernatsch-Anteil: 30 %

GRAF PFEIL »ANSITZ KRÄNZL«

■ **Bewertung**

Pfeils Weine sind jeder Mode abhold und bieten dennoch großen Genuß. Mit dem Weißburgunder ist ihm ein äußerst charaktervoller, mit dem roten Sagittarius ein hochklassiger Rotwein gelungen. Die Vernatsch-Weine sind dagegen etwas ernüchternd.

■ **Der Betrieb**

Kränzl ist ein stattlicher Ansitz, der am Ortsrand von Tscherms bei Meran liegt. Seit 1983, seiner Rückkehr von der Weinbauschule im württembergischen Weinsberg, bewohnt (mit Frau und zahlreichen Hühnern, Enten, Gänsen, Hunden, Katzen) und bewirtschaftet Franz Graf Pfeil dieses Gut samt 3 Hektar Weinbergen. Sie liegen an den Hängen rund um den Ansitz. Die weitläufigen Obstkulturen, die ebenfalls zum Familienbesitz gehören, hat er an seinen vor ein paar Jahren aus Südafrika zurückgekehrten Bruder abgetreten. Pfeil sucht ständig nach neuen Herausforderungen. Obwohl seine Sortenpalette schon lang und sein Weinsortiment breit ist, reichert er es immer wieder mit neuen Cuvées und Kreationen an.

■ **Die Weine**

Bei den Weißweinen setzt Pfeil vor allem auf die Sorte Weißburgunder. Sie ergibt bei ihm einen delikaten, heiteren Wein mit floralem Bouquet und zartem Birnenaroma. Er wird ausschließlich im Edelstahltank ausgebaut. Daneben erzeugt er eine leichte restsüße Weißburgunder Auslese (bis zu 5 Gramm Restzucker) sowie die Trockenbeerenauslese »Dorado«. Chardonnay und Sauvignon erreichen auf seinen Urgesteinsböden nicht dieselbe Klasse. Der »Justinus«, eine süße Auslese aus Kerner und Riesling, ist ein Produkt seiner Experimentierlust. Pfeils Spitzenrotwein ist der »Sagittarius« (lateinisch: Pfeilschütze), eine ungewöhnliche, aber hochinteressante Cuvée von Cabernet und Merlot mit 30% Lemberger (Blaufränkisch). Sie reift in kleinen Eichenfässern und kam bislang als IGT-Wein (gehobener Tafelwein) heraus: ein gut abgestimmter Rotwein, der Tiefe und Eleganz verbindet. Allerdings hat Pfeil den Lemberger-Anteil inzwischen wieder reduziert und wird bald ganz auf ihn verzichten. Pfeils Blauburgunder wirkt dagegen etwas hart und trocken. Am Ende bleibt zu hoffen, daß Pfeils Experimentierfreude künftig auf Kosten des im Burggrafenamt entbehrlichen Vernatsch geht.

EIGENBAUWINZER

Heinrich Plattner »Ansitz Waldgries«

St. Justina 2, 39100 Bozen
Tel. und Fax 0471/973245

Heinrich Plattner und sein Sohn Christian versuchen den Spagat zwischen traditionellem St. Magdalener und dunklen Rotweinen im internationalen Stil.

■ Die Weine
Pinot Grigio, Terlaner Weißburgunder, Sauvignon, klassischer St. Magdalener, Lagrein, Cabernet Sauvignon, Rosenmuskateller.

■ Spezialität
Peperum-Tafelwein: eine süße Cuvée aus Pfefferer, Sauvignon und Gewürztraminer, teils aus spätgelesenen, teils aus Passito-Trauben gewonnen und im Barrique vergoren.

■ Bewertung
Durchweg untadelige Qualitäten, beim Lagrein und künftig vielleicht bei einer neuen Rotwein-Cuvée, auch Spitzenqualitäten. Der St. Magdalener dagegen bleibt blaß.

■ Der Betrieb
Der Waldgrieshof, an der Straße nach St. Justina gelegen, ist ein

Rebfläche: 5 ha
Zukauf: keiner
Produktion: 53 000 Flaschen
Vernatsch-Anteil: 60 %

prächtig erhaltener herrschaftlicher Ansitz, der im klassischen St.-Magdalener-Gebiet liegt. Die Ursprünge des Hofes reichen bis ins 13. Jahrhundert zurück, wobei seine Geschichte recht wechselhaft war. 1938 in Konkurs gegangen, wurde der Waldgrieshof von der Familie Plattner übernommen, die ihrerseits einen Weinhof in Gries besaß, aber von den Faschisten enteignet und nur dürftig entschädigt wurde. Als einer der ersten Eigenbauwinzer begann Heinrich Plattner seinen Wein bereits 1969 in Flaschen zu verkaufen. Als einer der ersten nach dem Grafen Kuenburg pflanzte er Rosenmuskateller, und als einer der ersten ließ er die Vernatsch-Rebe auf Drahtrahmen ranken.

St. Magdalener ist Geldbringer

Der Lage entsprechend, spielt der klassische St. Magdalener im Sortiment des Waldgrieshofes die größte Rolle. Er ist der Geldbringer des Gutes. Aber da ihm vor allem traditionelle Konsumenten zusprechen, ist Plattners Ehrgeiz bei diesem Wein gezügelt. Das fängt beim Etikett an und hört bei der Stilistik auf: hellfarbig, mager, eindimensional, fruchtig. Pläne, ihm mehr Struktur zu geben, haben seit meinem letzten Besuch noch kaum Niederschlag gefunden, obgleich Sohn Christian, Jahrgang 1972, kräftigere und »tanninigere« Weine ankündigt. Er ist für die innovativen Tendenzen des Waldgrieshofes zuständig. Die beiden Weißweine, ein Weißburgunder und ein (barriquevergorener) Pinot Grigio, kommen aus Eppan, wo die Plattners weitere 0,6 Hektar besitzen.

Dunkle Rotweine

Der Ehrgeiz der Plattners dokumentiert sich in den dunklen Rotweinen. Die Lagrein Riserva steht den großen Grieser Gewächsen um keinen Deut nach: samtig in der Textur mit viel gesundem, weichem Tannin und röstigem Unterton. Sie reift ein Jahr lang in Barriques. Der einfache Lagrein überzeugt mit seiner herzhaften Brombeer-Kirsch-Frucht. Auch er macht eine kurze Barrique-Passage durch. Plattner: »Die Weine zeigen, daß Lagrein auch am Hang gedeihen kann.« Die Cabernet Riserva (mit 10% Cabernet franc, 8% Petit Verdot und Syrah), eher fruchtig als tanninbeladen, weiß ebenfalls zu gefallen.

Sohn Christian feilt unterdessen an einer Cuvée aus Cabernet, Merlot und Lagrein. Sie soll künftig den Spitzenrotwein bilden.

EIGENBAUWINZER

Peter Pliger »Kuenhof«

Mahr 110, 39042 Brixen
Tel. und Fax 0472/850546

Daß sich mit Hingabe und Leidenschaft kompensieren läßt, was die Sonne nicht jedes Jahr schafft, beweisen die Weine von Peter Pliger.

■ Die Weine

Silvaner, Gewürztraminer, Veltliner, Kaiton (Riesling).

■ Spezialität

Kaiton: ein dezent aromatischer Riesling mit einem Alkoholgehalt bis zu 14 Vol.% bei gleichzeitig hoher Säure, die sich wie ein Pfeil durchs Herz bohrt – aber ohne zu schmerzen.

■ Bewertung

Peter Pligers Weine beeindrucken durch ihre Leichtigkeit und die reintönigen Fruchtaromen. Es sind feine, aber keine großen Weine. Die zu erzeugen ist im kühlen Eisacktal schwer möglich.

Rebfläche: 4,5 ha
Zukauf: keiner
Produktion: 25 000 Flaschen
Vernatsch-Anteil: null

■ Der Betrieb

Reben gehörten schon immer zum Kuenhof. Doch die Trauben wurden ans Kloster Neustift verkauft, das als einzige Kellerei im Brixener Raum die Mittel und

Möglichkeiten der Kelterung besaß. Dennoch war der Kuenhof, hoch oben über der Bischofsstadt gelegen, nie ein Weinhof, sondern ein Berghof mit Obst, Vieh und Grünland. Peter Pliger, Jahrgang 1959, verspürte wenig Lust, die herkömmliche Mischwirtschaft weiterzuführen. Er besuchte die Handelsschule, stellte aber bald fest, daß Handel seine Sache nicht ist. Das Schreinerhandwerk gefiel ihm schon besser. Aber noch besser gefiel ihm der Weinbau, den er über seine Frau kennenlernte, die aus einem Bozener Weinbaubetrieb stammt.

■ Biologischer Weinbau

So begann er bereits 1985, die offengelassenen und seither verwilderten Weinberge wieder anzulegen und das Anwesen zu restaurieren. (Es wurden nur Holz, Stein, Erde und Ton verbaut.) Heute ist der Kuenhof einer der optisch und funktional schönsten Weinhöfe Südtirols. Der erste Wein kam 1990. Er befriedigte noch nicht ganz. Doch schon mit dem zweiten Jahrgang, dem schwierigen 91er, schaffte es Pliger, als einziger Eigenbau-Winzer im Eisacktal, die D.O.C.-Anforderungen zu erfüllen. Inzwischen hat sich Pliger mit Haut und Haaren dem Wein verschrieben. Dabei gehört er zu den seltenen Exemplaren unter den Weinerzeugern, die weder sich noch ihre Weine überschätzen. Stolz ist er allerdings darauf, zu den wenigen Biowinzern zu gehören, die bislang ganz auf synthetische Chemie verzichten konnten. Das einzige, was er spritzt, ist Gesteinsmehl zur Abhärtung der Reben.

■ Die Weine

Der herzhafte, feinwürzige Silvaner ist Pligers schönster Wein. Aber auch der milde, leichtere Grüne Veltliner gelingt ihm gut. Der Riesling (Kaiton ist der keltische Name für das Eisacktal) braucht lange, sonnige Herbste, um reif zu werden, ist dann aber der interessanteste Wein des Kuenhofes. Der Gewürztraminer enttäuscht dagegen. Mit dem Ruländer hat Pliger bereits Schluß gemacht. Alle Weine werden im Edelstahltank vergoren und im großen Holzfaß bis Juni auf der Feinhefe gelagert. Önologische Unterstützung bekommt der Weinlaie Pliger von seinem Freund Ignaz Niedrist.

EIGENBAUWINZER

Hubert Pohl »Köfelgut«

Im Winkel 12, 39020 Kastelbell
Tel. und Fax 0473/624142

Hubert Pohl ist ein liebenswürdiger Gentleman-Winzer, kein Mann der Extreme. Aus den Trauben das Letzte herauszukitzeln ist sein Ehrgeiz nicht.

■ Die Weine

Weißburgunder, Ruländer, Riesling, Gewürztraminer, Vernatsch »Pfaffenegger«, Blauburgunder »Schloß Kasten«, Blauburgunder »Fleck«.

■ Bewertung

Einfache, süffige Weiß- und Vernatsch-Weine sowie ein leichter, erfrischender Blauburgunder – so ließe sich die Produktion des Köfelgutes beschreiben. Einzige Ausnahme: der vielschichtige Blauburgunder »Fleck«.

■ Der Betrieb

Das Köfelgut liegt am Vinschgauer Sonnenberg in Kastelbell auf 600 Metern Meereshöhe. Der sich bereits seit mehr als 200 Jahren in Familienbesitz befindliche Hof ist mit über 4 Hektar Weinbergen und ausgedehnten Obstplantagen reich begütert und einer der stattlichsten Betriebe der Gegend. Als Hubert Pohl um 1970

Rebfläche: 4,3 ha
Zukauf: 5 %
Produktion: 25 000 Flaschen
Vernatsch-Anteil: 10 %

einstige Weinbergflächen, die zwischenzeitlich zum Birnen- und Apfelanbau genutzt worden waren, wieder zu bestocken begann, galt er in der Gegend als Pionier. Die Wiederentdeckung des Vinschgaues als Weinanbaugebiet ist ihm zu verdanken. Durch die Neugründung mehrer selbstabfüllender Betriebe in den letzten Jahren hat das Köfelgut jedoch einiges von seiner Sonderstellung eingebüßt. Auch seine Weine haben Konkurrenz bekommen.

■ Brave Weißweine

Die Weißweine, die 30 % der Gesamtproduktion ausmachen, wirken heute brav und etwas glanzlos. Der fruchtige Charme, den sie besitzen, täuscht nicht darüber hinweg, daß sie recht kurz und dünn sind. Vom Ruländer abgesehen, der eine kurze Zeit in mittelgroßen Holzfässern lagert, werden sie im Edelstahltank ausgebaut. Der »Pfaffenegger« ist einer der letzten im Vinschgau verbliebenen Vernatsch-Weine und als solcher fast schon eine Rarität. Mit seinen knapp 10 Vol.% Alkohol und seiner hellen Farbe wirkt er allerdings wie ein roter Weißwein. Die konsumfreundlichen Preise deuten an, wozu die Weine gut sind: zum unbeschwerten Genuß. Das gilt auch für die Rotweine.

■ Blauburgunder

Der Blauburgunder »Schloß Kasten« stammt aus einem hochgelegenen, gepachteten Weinberg im Nachbardorf Galsaun: ein himbeerroter, unkomplizierter Tischwein mit schöner, würziger Kirschfrucht, aber ohne Tiefe. Von ihm werden 10 000 Flaschen erzeugt – der quantitativ wichtigste Wein des Gutes. Dagegen kann der Blauburgunder »Fleck« in guten Jahren durchaus Tiefe aufweisen: ein vielschichtiger, facettenreicher Wein, der von dem Ausbau in (gebrauchten) Barriques profitiert und an Komplexität gewinnt. Einer Erwähnung wert sind auch der Blauburgunder-Grappa und die Brände, die Pohl seit einigen Jahren aus Vinschgauer Obst destilliert. Sie werden wie die Weine ab dem Gut verkauft.

Franz Pratzner »Falkenstein«

Schloßweg 15, 39025 Naturns
Tel. und Fax 0473/666054

Bis vor wenigen Jahren war der »Falkensteiner« nur als Apfelexperte bekannt. Inzwischen interessiert Franz Pratzner anderes Obst: Weintrauben. Aus ihnen erzeugt er im Vinschgau begeisternde Weine.

■ **Der Spitzenwein**
Riesling.

■ **Die anderen Weine**
Weißburgunder, Sauvignon, Gewürztraminer, Blauburgunder.

■ **Bewertung**
Riesling, Gewürztraminer und Blauburgunder sind für Südtirol erstklassige Weine: fruchtig, säurebetont, nie eindimensional. Weißburgunder und Sauvignon erreichen nicht ganz deren Niveau.

■ **Der Betrieb**
Franz Pratzner, Jahrgang 1962, ist Absolvent der Obst- und Weinbauschule Laimburg. 1989 hat er den Obstbaubetrieb seines Vaters übernommen. Dieser befindet sich oberhalb von

Rebfläche: 3 ha
Zukauf: keiner
Produktion: 10 000 Flaschen
Vernatsch-Anteil: null

Naturns. Der Vater hatte nur geringe Mengen Eigenbauwein erzeugt, die ausschließlich für den familieneigenen Buschenschank vorgesehen waren. Pratzner hegte andere Pläne. Er pflanzte Weißburgunder und Gewürztraminer, später Riesling, Sauvignon und Blauburgunder. Die Weine machten ihn in Kennerkreisen schnell zu einem Star des Vinschgaues.

■ **Fruchtfolge**

Seitdem rodet er eine Golden-Delicious-Parzelle nach der anderen, um Reben zu pflanzen. Er liebäugelt sogar mit der Aufgabe des gesamten Apfelbaus, um sich ganz auf die Weine konzentrieren zu können. Allerdings vinifiziert er die Trauben noch in einem winzigen Kellerlokal des Gutshofes, das früher für die Aufbewahrung von Kartoffeln, Zwiebeln und Speck benutzt wurde.

Nachdem sein Bruder jedoch die gesamte Hofstelle mit dem dazugehörigen Heurigen übernommen hat, plant Pratzner einen neuen Keller, in dem auch die kleinen Eichenholzfässer Platz finden sollen, in denen der Blauburgunder reift.

■ **Die Weißweine**

Der Riesling ist Pratzners wichtigster Wein. Er weist Anklänge von Pfirsich und Aprikosen auf, aber auch von grünem Apfel und Zitrusfrüchten. Zu den fruchtigen Aromen gesellten sich nach einiger Zeit ein charakteristischer Petrolton und eine feine Honignote. 3000 Flaschen werden von diesem trockenen, körperreichen Wein produziert, der fast jedes Jahr eine Alkoholgradation von 13 Vol.% erreicht. Pratzner hält Riesling für die geeignetste Sorte im Vinschgau.

■ **Größere Produktion**

Kraftvoll ist auch der Weißburgunder. Er duftet dezent nach reifen Birnen und Äpfeln und wird seine Liebhaber eher unter Menschen finden, die der relativ hohen Säure des Rieslings ablehnend gegenüberstehen. Auch Pratzners Blauburgunder ist ein ausgesprochen fruchtiger Wein, dessen Aromen von Walderdbeeren und Schwarzkirschen sich mit einem zarten, kaum merklichen Röstton verbinden und ihm so Tiefe geben. Nicht zu vergessen ist der Gewürztraminer. Die Trauben für ihn werden sehr spät gelesen, so daß ein üppiger, mit deutlicher Restsüße und feinen Botrytisnoten versehener Wein entsteht, der eher dem Elsässer als dem Südtiroler Stil nahekommt. Noch sind die Mengen all seiner Weine gering. Doch in absehbarer Zeit wird Pratzner auf 30000 Flaschen kommen.

EIGENBAUWINZER

GEORG RAMOSER
»UNTERMOSERHOF«

St. Magdalena 36, 39100 Bozen
Tel. und Fax 0471/975481

Auch wenn er von vielen Weintrinkern und Weinschreibern wie ein Stiefkind behandelt wird, setzt Georg Ramoser auf den St. Magdalener – seinen vorzüglichen Merlot, Lagrein und Cabernet zum Trotz.

■ Die Weine

Klassischer St. Magdalener, Chardonnay, Lagrein, Merlot.

■ Bewertung

Die St. Magdalener besitzen mehr Farbe und Feinheit als die der Konkurrenz, der Lagrein mehr Fülle. Der dichte, konzentrierte Merlot gehört zur neuen Generation hochwertiger Südtiroler Rotweine.

■ Der Betrieb

Er liegt im heißen Südhang von St. Magdalena inmitten endloser Rebenmeere. Ein typischer Südtiroler Weinhof mit überstehendem Walmdach, Schindelfassade, umstanden von mächtigen Walnußbäumen, die Kühle verströmen. Dazu ein fröhlicher Besitzer mit starken Oberarmen,

Rebfläche: 3,8 ha
Zukauf: keiner
Produktion:
30 000–35 000 Flaschen
Vernatsch-Anteil: 65 %

schwieligen Händen und blauer Schürze über den kurzen Hosen. Neben dem Hof plätschert munter ein Bächlein zu Tale, um den Hof spielen barfüßig die drei Kinder von Georg und Margret Ramoser. Eine Idylle, die den Eindruck erwecken könnte, als sei die Zeit stehengeblieben auf dem Untermoserhof. Dieser Eindruck wäre allerdings fatal. Denn Georg Ramoser ist der Zeit durchaus voraus.

Haus- und Hofwein

Rund 2,5 Hektar Reben bewirtschaftet er in St. Magdalena, die Hälfte in Pacht und nur einen kleinen Teil nicht mit Vernatsch bestockt (sondern mit Lagrein). St. Magdalener ist also der Haus- und Hofwein. Allerdings unterscheidet er sich vom traditionell »trinkigen« Magdalener-Stil: Er ist kräftiger, herber, leicht tanninig, sehr trocken. Ramoser vergärt ihn größtenteils in großen Fässern aus (neutraler) österreichischer Eiche und läßt ihn bis zu drei Wochen auf der Maische stehen. »Ich will einen strukturierten St. Magdalener«, bekennt er. Die Basis dafür legt er im Weinberg. Zwei Drittel seiner Reben sind älter als 30 Jahre und bringen nicht mehr den vollen Ertrag. Die jungen Reben hat er gar nicht mehr auf Pergel, sondern auf den Drahtrahmen gezogen. Resultat: Die Beeren produzieren dickere Schalen, der Wein hat mehr Tannin, ist also etwas langlebiger.

Großartiger Merlot

In Frangart im Oberetsch besitzt Ramosers Familie weitere 1,5 Hektar. Sie sind mit Chardonnay und Merlot bestockt. Der Chardonnay (teils in Barriques vergoren) ist wohlgelungen, der Merlot eine Wucht: reich und weich im Tannin, gleichzeitig von opulenter Fülle und ohne »Grünerle«, wie die Südtiroler den grasigen Ton nennen. In Blindverkostungen hat er sich den besten Südtiroler Merlots von Schreckbichl und Lageder als ebenbürtig erwiesen. Allerdings gibt es von ihm nur 2000 Flaschen. Ramoser ist auf den Merlot jedenfalls wesentlich stolzer als auf seinen Lagrein, was jedoch nicht zu dem Schluß verleiten sollte, dieser sei nur ein Wein von vielen. Auch der Lagrein birst nahezu vor Fülle und Frucht (zumindest in Riserva-Jahren). Schließlich bewirtschaftet Ramoser noch einen halben Hektar Reben in Kaltern, der zwar mit Vernatsch bestockt ist, der aber künftig Cabernet und Merlot weichen soll.

EIGENBAUWINZER

Stefan Ramoser
»Fliederhof«

St. Magdalena 33, 39100 Bozen
Tel. 0471/979048

Der himbeerrote, kräftige St. Magdalener ist der Hauptwein des Bozners Stefan Ramoser. Ihn verteidigt er gegen alle Angriffe. Aber ihm ist nicht entgangen, daß anspruchsvolle Weintrinker zunehmend »dunkle« Rotweine begehren.

■ Die Weine
St. Magdalener klassisch, St. Magdalener »Mauracherhof«, Lagrein.

■ Spezialität
Pfefferer: ein leichter, feinwürziger Weißwein aus der gleichnamigen Rebe, die wahrscheinlich eine Spielart des Goldmuskatellers ist. Restbestände finden sich noch in Ramosers Weingärten.

■ Bewertung
Bemerkenswert kräftige, strukturierte St. Magdalener, auch wenn Stefan Ramoser sie selbst nicht so sieht. Die Qualitäten beim Lagrein reichen vom sauberen, fruchtigen Jahrgangswein bis zur tiefgründigen, stark holzbetonten Riserva.

Rebfläche: 3,5 ha
Zukauf: keiner
Produktion:
20 000–25 000 Flaschen
Vernatsch-Anteil: 70 %

STEFAN RAMOSER »FLIEDERHOF«

■ Der Betrieb

Drei Fliedersträucher an der Hauswand haben dem Hof den Namen gegeben. Er liegt gleich am Dorfeingang von St. Magdalena unterhalb des Kirchleins und ist von Reben umzingelt, zwischen denen Gemüsebeete mit Kohl und Möhren angelegt sind und Fingerhut und Sonnenblumen blühen. Ein gepflegter, bäuerlicher Hof, der, obwohl bei den letzten Generationswechseln nicht geteilt, leider nur über 1 Hektar eigene Reben verfügt. Hätte Stefan Ramoser, Jahrgang 1964, nicht den Mauracherhof (2,7 Hektar) in St. Georgen (im Talfertal) zupachten können, könnte er vom Wein jedenfalls nicht leben. Doch gerade dem Wein gilt sein Ehrgeiz, seit er 1992 den Hof von Vater Florian übernommen hat (es gehören noch Obstkulturen dazu). Unterstützt wird er von Ehefrau Astrid.

■ Zwei St. Magdalener

Ramoser erzeugt zwei St. Magdalener: den klassischen von den Reben ums Haus und den vom Mauracherhof. Der eine steht dem anderen nicht nach. Beide sind herzhaft und weich. Beide warten mit einem sauberen Kirsch- und Erdbeeraroma auf. Beide sind leicht und unkompliziert zu trinken. Der klassische St. Magdalener besitzt die etwas reifere Frucht, während der »Mauracherhof« etwas mehr Tannin aufweist. Doch Ramoser, der zwei Jahre an der Versuchsanstalt Laimburg gelernt hat, ist kein Freund des »tanninigen« Vernatsch: »Ich glaube nicht recht an strukturierte Magdalener.«

■ Lagrein vom Talfertal

Der Lagrein wächst in den Weingärten des Mauracherhofes: alte Reben, die an der Pergel erzogen wurden und 5 000 Flaschen eines dunklen, dichten, mit Frucht und Tannin beladenen Weines liefern. Auf den Schwemmlandböden des Talfertals werden die Lagrein-Trauben eine Woche später als im warmen Gries gelesen. Wenn sie ausreifen, und Ramoser sich entschließt, eine Riserva zu erzeugen, kann diese sogar dem Grieser Lagrein überlegen sein. Ramosers Riserva wird über ein Jahr in Barriques ausgebaut, und, wie er ehrlich zugibt, vor der Abfüllung mit 15 % Lagrein des nachfolgenden Jahrgangs verschnitten, um die Frucht nicht zu verlieren. Auch sein Standard-Lagrein wird seit 1998 zur Hälfte in (gebrauchten) Barriques ausgebaut.

EIGENBAUWINZER

Heinrich Rottensteiner »Obermoserhof«

St. Magdalena 35, 39100 Bozen
Tel. 0471/973549, Internet: www.obermoser.cjb.net

Der St. Magdalener macht mit Abstand den größten Teil der Weinproduktion des Obermoserhofes aus. Doch Heinrich Rottensteiners heimliche Liebe scheint den »dunklen« Rotweinen zu gelten.

■ Die Weine
Sauvignon, Edelvernatsch, St. Magdalener classico, Lagrein.

■ Bewertung
Bei aller Wertschätzung für den St. Magdalener: Rottensteiners Lagrein ist eine Klasse für sich. Und der exotisch-fruchtige Sauvignon ist ein schöner Kontrastwein zu den bissigen Terlaner Sauvignons.

■ Der Betrieb
Der Obermoserhof ist ein stattlicher, familiär geprägter Weinhof, der sich seit 1890 im Besitz der Familie Rottensteiner befindet. Im ersten und zweiten Stock lebt die Familie. Im Erdgeschoß sind der Kelterraum und die Lagerhalle für den abgefüllten Wein untergebracht. Der Keller

Rebfläche: 3,5 ha
Zukauf: keiner
Produktion: 35000 Flaschen
Vernatsch-Anteil: 70 %

ist in den Berg hineingetrieben worden. Der Hof befindet sich in den »Königslagen« von St. Magdalena: oberhalb von Rentsch auf halbem Wege zum Dörfchen St. Magdalena. Dort wächst der weichste, vollste, schmelzigste Magdalener-Wein. Er macht mit Abstand den größten Teil der Produktion des Betriebes aus.

■ »Trinkiger« St. Magdalener

Rottensteiners klassischer St. Magdalener ist ein robuster Wein. Sein Tannin ist spürbar, seine Frucht immer saftig und sauber. Obwohl er unkompliziert über den Gaumen fließt, ist er nicht so »trinkig« wie der Edelvernatsch, der einfacher und (in einem positiven Sinne) anspruchsloser ist. Letzterer stammt allerdings aus Kaltern, wo Rottensteiner 1 Hektar Reben besitzt. Mehr Freude als Edelvernatsch und St. Magdalener hat Rottensteiner in den letzten Jahren allerdings der Lagrein gemacht. 1993 hatte er diese Sorte am Grafenleiten, einem kegelförmigen Hügel am Ritten-Südhang, gepflanzt. »Eine wahnsinnig heiße Lage«, wie er zugibt. Doch Hitze verträgt die Lagrein, mehr noch der Vernatsch. Die ersten Jahrgänge ergaben sehr volle Weine mit üppiger Frucht, extrem weichem, süßem Tannin und einer Alkoholgradation von beinahe 14 Vol.%. Seit 1998 wird er grundsätzlich als Riserva ausgebaut, das heißt: mit rund 18 monatiger Barrique-Passage.

■ Exotischer Sauvignon

Das gelungene Experiment mit Lagrein in St. Magdalena hat Rottensteiner den Plan fassen lassen, seine Kalterer Vernatsch-Reben mit Merlot zu veredeln, um ab dem Jahr 2002 einen weiteren »dunklen« Rotwein anbieten zu können. Angesichts dessen gerät Rottensteiners einziger Weißwein fast in Vergessenheit: ein körperreicher, bisweilen exotisch voller Sauvignon, der oberhalb von 500 Metern in St. Magdalena wächst. Sohn Thomas, Jahrgang 1977 und schon ein begeisterter Weinfreak (mit Ausbildung an der Weinbauschule und Sommelierkursen), drängt es bereits mächtig, in die Fußstapfen des Vaters zu steigen. Wer mehr über den Obermoserhof wissen will, sollte sich die von ihm zusammengestellte Homepage im Internet anschauen.

Schloss Sallegg

Unterwinkel 15, 39052 Kaltern
Tel. 0471/963132, Fax 0471/964730

Viele gute Lagen in und um Kaltern kann Schloß Sallegg sein eigen nennen. Aber nur ein bedeutender Wein kommt bisher aus seinem Keller.

■ Die Weine

Terlaner Weißburgunder, Chardonnay, Pinot Grigio, Sauvignon, Gewürztraminer, Kalterersee, Kalterersee Auslese »Bischofsleiten«, Blauburgunder, Cabernet, Merlot, Lagrein, Moscato Rosa.

■ Spezialität

Moscato Rosa, wie der Rosenmuskateller seiner italienischen Herkunft entsprechend genannt wird: ein hellroter, ungemein würzig-duftiger Wein, der trotz 80 Gramm Restzucker und 14 Vol.% Alkohol nicht allzu süß schmeckt und sich jahrzehntelang auf der Flasche verfeinern kann.

■ Bewertung

Die glanzvollen Zeiten liegen lange zurück. Nach schweren Jahren, als 90% der Weinberge mit Vernatsch bestockt waren, befindet sich Schloß Sallegg seit Mitte der 90er Jahre wieder in

Rebfläche: 25 ha
Zukauf: keiner
Produktion: 110 000 Flaschen
Vernatsch-Anteil: 45 %

ruhigerem Fahrwasser. Zur Spitze ist es allerdings noch weit.

■ **Der Betrieb**

Schloß Sallegg liegt oberhalb von Kaltern und ist einer der prächtigsten Ansitze im Überetscher Land. Aufwendig und detailgenau restauriert, ist es mit seinem herrschaftlichen Treppenhaus, den prunkvollen Sälen und dem weitläufigen Park, der das Schloß umgibt, ein beredter Zeuge aus feudalen Zeiten. Mitte des 19. Jahrhunderts fiel Schloß Sallegg dem in Sizilien residierenden Fürsten Heinrich von Campofranco zu. Beim Umzug nach Südtirol nahm die Fürstin ein Bündel Moscato-Rosa-Reben mit und pflanzte sie 1850 in Schloß Sallegg aus. Sie ergaben einen Wein, den die Grafen Kuenburg, die das Anwesen von Heinrich übernahmen, bis in die jüngste Vergangenheit exklusiv für sich reklamieren konnten und der ganz Schloß Sallegg in hellem Glanz erstrahlen ließ.

■ **Zur Spitze noch weit**

Noch heute wird Georg Graf von Kuenburg, der jetzige Besitzer, mit dem Moscato Rosa identifiziert, obwohl nur 0,9 Hektar mit der Sorte bestockt sind und 24 Hektar mit anderen Sorten – übrigens in besten Kalterer Lagen. Doch ist der Moscato Rosa der einzige Wein, mit dem sich Schloß Sallegg aus der Masse der Eigenbauwinzer heraushebt. Er wird aus sehr spät gelesenen (botrytisfreien) Trauben erzeugt, im Stahltank vergoren und rund ein Jahr im alten Holzfaß ausgebaut. Die Erträge sind so gering, daß kaum mehr als 2600 Flaschen abgefüllt werden können – halbe Flaschen. Im Alter erweist sich der Moscato Rosa als exquisiter, morbidsüßer Meditationswein. Der 67er ist Legende. Kuenburgs andere Weine sind weniger aufregend. Bei den Weißweinen findet Schloß Sallegg nur mühsam Anschluß an das allgemeine Niveau (fast alle Weine werden mit mehr oder minder viel Restsüße abgerundet), bei den Rotweinen bislang noch gar nicht. Sie sind diffus und ohne Ausdruck. Der größte Teil des Vernatsch wird im Faß in die Schweiz verkauft. Vielleicht gelingt mit dem Lagrein die Wende. In Kaltern wurden 2 Hektar neu angepflanzt.

Oswald Schuster
»Befehlhof«

Vetzan 14, 39028 Schlanders
Tel. 0473/742197, Fax 0473/742665

Rebfläche: 1,2 ha
Zukauf: keiner
Produktion: 8000 Flaschen
Vernatsch-Anteil: null

Oswald Schusters verschmitztes Lächeln kann ebenso als hintergründig wie als schlitzohrig verstanden werden. Er weiß, daß sich im Vinschgau interessante Weine erzeugen lassen.

■ Die Weine
Fraueler, Müller-Thurgau, Riesling, Blauburgunder.

■ Spezialität
Fraueler: ein leichter, stark säurebetonter Weißwein aus einer alten, inzwischen kaum mehr angebauten Vinschgauer Sorte, der nie fein, dafür aber recht herzhaft ist.

■ Bewertung
Müller-Thurgau und Riesling ergeben gleichermaßen kernige Weine, wobei der Müller-Thurgau ansprechender als der sehr säurebetonte Riesling ist. Sehr delikat und fein ist der Blauburgunder.

■ Der Betrieb
Der Befehlhof liegt bei Vetzan nahe Schlanders an der äußer-

sten Weinbaugrenze des mittleren Vinschgaues. Talsohle und Hänge sind an dieser Stelle mit Obstkulturen überzogen. Auch Oswald Schuster ist hauptberuflich Obstbauer. Doch hat er bereits 1973 in 750 Metern Höhe einen Rebberg angelegt, um nebenher Wein zu erzeugen – allerdings für den Hausgebrauch zunächst.

Nach einer ersten Orientierungsphase begriff er, welches Potential sich dort für Qualitätsweine auftut, wenn nur die richtigen Sorten gepflanzt werden. Also ersetzte er Silvaner, Kerner und Gewürztraminer durch Riesling und Blauburgunder, während er Müller-Thurgau und Fraueler, eine lokale Weißwein-Sorte, stehenließ.

■ Blauburgunder

Die größten Meriten hat Schuster sich dafür erworben, daß er den Blauburgunder im Vinschgau heimisch gemacht hat. An den warmen Südhängen dieses ansonsten kühlen Tales wächst ein transparentroter, überaus fruchtiger, nach frischen Pflaumen und Kirschobst schmeckender Wein, der im großen Holzfaß ausgebaut wird, um möglichst viel von seiner Primärfruchtigkeit zu erhalten. Er ist Schusters schönster Wein. Ehefrau Thea liefert die Aquarelle für das Etikett. So stolz sind die beiden auf den Wein, daß Schuster einen weiteren Rotwein ausgetüftelt hat: eine Cuvée aus 70% Blauem Zweigelt und 30% Blauburgunder. Sie wurde 1999 zum erstenmal produziert, übrigens unter Mitarbeit von Tochter Magdalena, die einmal den Hof übernehmen soll.

■ Geringe Mengen

Weil der Obstbau im Vinschgau eine gute Konjunktur hat, bestehen wenig Möglichkeiten, die Rebflächen zu erweitern. So kann Schuster kaum mehr als 2 000 Flaschen Rotwein anbieten, die schnell in den Kellern von Stammkunden verschwinden. Die Weißweine, die noch 70% der Gesamtmenge ausmachen, sind zwar ansprechend, doch ohne die Feinheit des Blauburgunders.

Ein Wort noch zu dem Fraueler: Die Sorte ergibt einen bäuerlichen, rauhfruchtigen Wein, den die Einheimischen bezeichnenderweise »Reifenbeißer« nennen, weil er ihrer Meinung nach so sauer ist, daß er die Faßreifen anfrißt. Normalerweise werden die Restbestände dieser lokalen Sorte im gemischten Satz mit anderen Weißweintrauben gekeltert. Oswald Schuster ist der einzige, der sie reinsortig abfüllt. Ob ihr jedoch diese Ehre gebührt, ist eher fraglich.

STROBLHOF

Piganoerstr. 25, 39057 Eppan
Tel. 0471/662250, Fax 0471/663644

Hotel, Restaurant, Vinothek und Weingut – der Stroblhof ist alles zugleich. Das macht ihn für Weintouristen interessant. Aber es schafft auch Probleme – für den Wein.

■ Die Weine

Chardonnay, Gewürztraminer, Weißburgunder »Strahler«, Kalterersee Auslese »Burgleiten«, Blauburgunder Riserva.

■ Bewertung

Sehr gute Lagen, aber noch keine großen Weine. Bei den Weißweinen überdeckt die anfängliche Frische manche Unzulänglichkeit. Der Blauburgunder besitzt viel Kraft, aber zuwenig Finesse.

■ Der Betrieb

Die Weine des Stroblhofes waren nie für törggelnde Touristen, sondern für Kenner gemacht. Der Blauburgunder landete bei Weinproben regelmäßig unter den ersten seiner Art in Südtirol. Die 90er Riserva ist Legende. Der gute Ruf, den die Weine genossen, geht auf Josef Hanny zurück, den Besitzer des Strobl-

Rebfläche: 3,1 ha
Zukauf: 15 %
Produktion: 20 000 Flaschen
Vernatsch-Anteil: 9 %

hofes. Er suchte zuerst die Feinheit im Wein, dann den Verdienst. Hanny starb 1991. Nach seinem Tod haben die Töchter Christine und Rosmarie sein Erbe angetreten. Doch Hotel und Weingut sind eng miteinander verwoben – personell und finanziell. Investitionen im Hotel fehlten dem Weingut und umgekehrt. So kommt es, daß der Weinbau im Stroblhof heute als bestens geordnet gelten kann, es im Keller dagegen noch viel zu tun gibt.

■ **Großer Gewürztraminer**

Die alleinige Verantwortung für den Wein trägt seit 1995 Andreas Nicolussi-Leck, der Ehemann von Rosmarie Hanny. Er hat das Weinsortiment auf fünf Weine reduziert, nachdem Josef Hanny zu sehr in die Breite experimentiert und im hochgelegenen Eppan auch Cabernet und Petit Verdot angebaut hatte – wie zu erwarten mit geringem Erfolg.

Der Gewürztraminer ist augenblicklich der bemerkenswerteste Weißwein des Gutes: stoffig, opulent, mit feiner Würze und großem Reifepotential. Er wächst gleich hinter dem Hotel. Chardonnay und Weißburgunder kommen aus der Eppaner Lage Schwarzhaus, die 500 Meter hoch liegt und entsprechend säurefrische Weine ergibt. Der Weißburgunder wird im gemischten Satz mit mit 5 % Pinot Grigio (daher »Strahler«, ein Südtiroler Ausdruck für nicht reinsortige Weißweine) in gebrauchten Barriques vergoren, wie übrigens auch der Chardonnay. Danach machen die beiden Weine einen biologischen Säureabbau durch. Entsprechend üppig präsentieren sie sich auf der Zunge.

■ **In der Findungsphase**

Mit dem Blauburgunder sieht sich Nicolussi-Leck sozusagen noch in der Findungsphase. Die Trauben stammen zu 60 % von eigenen Reben, die am Hof wachsen. 40 % werden aus Mazon zugekauft: ein stark tanningeprägter Wein, der auf der Zunge manche Härte zurückläßt, die auch durch längere Reife kaum gemildert wird.

Auf der anderen Seite fasziniert er durch einen herrlichen Fruchtton, in dem sich die Aromen von Kirschen, Dörrpflaumen und Tabak finden lassen. Er reift rund ein Jahr in Barriques (50 % neu) und kommt stets als Riserva auf den Markt. Die einfachste Art, ihn kennenzulernen, ist ein Besuch der »Vinothek am Stroblhof«, die ab 19 Uhr geöffnet ist und in der sich Südtiroler Weinfreaks auch nach Mitternacht noch bei besten Tropfen tummeln.

ELENA WALCH

Andreas-Hofer-Str. 1, 39040 Tramin; Tel. 0471/860172, Fax 0471/860781
E-Mail: walch@cenida.it, Internet: www.elenawalch.com

Rebfläche: 30 ha
Zukauf: keiner
Produktion: 160 000 Flaschen
Vernatsch-Anteil: 10 %

Eine Frau an der Spitze eines Weingutes, die auch noch den Anspruch erhebt, nicht anders als ihre männlichen Kollegen Spitzenweine zu erzeugen – eine Novität in Südtirol.

■ Die Spitzenweine

Die Weine von Castel Ringberg (Riesling, Sauvignon, Pinot Grigio, Chardonnay, Chardonnay »Cardellino«, Kalterersee Auslese, Lagrein, Cabernet »Istrice«, Cabernet Sauvignon »Riserva«) sowie die Weine von Kastelaz (Pinot Bianco, Gewürztraminer, Merlot, Moscato Rosa und Passito).

■ Die anderen Weine

Pinot Bianco, Pinot Grigio, Chardonnay, Müller-Thurgau, Riesling, Gewürztraminer, Merlot.

■ Spezialität

Gewürztraminer »Passito«: ein honigsüßer Dessertwein aus angetrockneten Gewürztraminer-Trauben (mit 15 % Sauvignon), der nur in kleinen Mengen erzeugt wird und einer der feinsten Süßweine dieser Sorte ist.

■ Bewertung

Einzelne Weine oder Jahrgänge können durchaus zur Spitze gehören: mal der Pinot Bianco, mal der Gewürztraminer, mal der Cabernet, mal der Merlot – also vor allem die Kastelaz-Weine. Manchmal ist allerdings der Qualitätsunterschied zu den Standardweinen nicht sehr groß.

■ Der Betrieb

Elena Walch repräsentiert das weibliche Element in der Männerwelt des Südtiroler Weines. »Ich möchte zeigen, daß auch Frauen Spitzenweine erzeugen können«, erklärt die promovierte Architektin, die in Mailand und Bozen aufgewachsen ist. Die Heirat mit Werner Walch, dem Inhaber der Kellerei Wilhelm Walch, machte sie zum Quereinsteiger ins Weingeschäft. Sie pachtete die Filetstücke aus dem Rebenbesitz der bekannten Traminer Kellerei und faßte sie zu einem neuen Weingut zusammen, das ihren Namen trägt. Die Kellerei Wilhelm Walch konzentriert sich auf die einfachen, preiswerten Südtiroler Traditionsweine aus zugekauften Trauben.

■ Castel Ringberg

In den Weinbergen von Schloß Ringberg oberhalb des Kalterer Sees (früher ein Museum, heute ein Restaurant) wurde ein großer Teil des Vernatsch durch Chardonnay, Pinot Grigio und Sauvignon ersetzt (auf Drahtrahmen). Sie ergeben teils bodenständige, teils feine Weine, etwa den (leicht getoasteten) Chardonnay »Cardellino«. Der Mut, dort Riesling zu pflanzen, wurde nicht belohnt. Der kürzlich angepflanzte Lagrein verspricht zumindest wesentlich bessere Resultate. Wie überhaupt die Rotweine am besten gelingen: besonders die Cabernet Sauvignon »Riserva«. In den letzten Jahren zeigte sie oft noch vegetabile Noten. Doch die neuen Jahrgänge besitzen wesentlich mehr Fülle, mehr Facetten, mehr Fruchtsüße. Der Cabernet »Istrice« ist nicht ganz so voll, aber eleganter und geschliffener.

■ Die Weine von Kastelaz

Elena Walchs zweite Spitzenlage heißt Kastelaz: ein atemberaubend steiler, 5 Hektar großer Südhang, der sich über Tramin auftürmt. Von dort kommen jedes Jahr feine Weißburgunder und ein stoffiger, wuchtiger Gewürztraminer. Im Herzen des Hangs hat Elena Walch Merlot gepflanzt. Die ersten Jahrgänge der Riserva konnten noch nicht ganz zufriedenstellen. Doch das Potential ist riesengroß. Gelänge es, dieses voll auszuschöpfen, wäre Elena Walch am Ziel ihrer Wünsche.

EIGENBAUWINZER

BARON WIDMANN

Endergasse 3, 39040 Kurtatsch
Tel. 0471/880092, Fax 0471/880468

Andreas Widmann ist ein Beispiel dafür, daß nur das behutsame, vorsichtige Herantasten an die Qualität Spitzenweine hervorbringt.

■ Die Weine

Weißburgunder, Sauvignon, Gewürztraminer, Goldmuskateller, Vernatsch, Rot, Auhof.

■ Spezialität

Vernatsch, einer der gelungensten Weine aus dieser Sorte in ganz Südtirol: kräftig, stark fruchtbetont, kaum mandeltönig.

■ Bewertung

Alle Widmannschen Weine sind äußerst feine Gewächse mit eigenem Charakter. Bei den Weißen ragt der Weißburgunder, bei den Roten der Auhof heraus.

■ Der Betrieb

Andreas Widmann gehörte zu den ersten Weinbauern Südtirols, die rechtzeitig das Ende des Vernatsch-Booms erkannten und neue Wege beschritten. Das war Anfang der 80er Jahre. Er kam gerade von der Trentiner

Rebfläche: 15 ha
Zukauf: keiner
Produktion: 35 000 Flaschen
Vernatsch-Anteil: 47 %

Weinbauschule in San Michele zurück und mußte gleich den elterlichen Betrieb in Kurtatsch übernehmen. An den Steilhängen oberhalb von Kurtatsch pflanzte er Weißburgunder und Sauvignon, später etwas tiefer, aber ebenfalls an Steilhängen, Cabernet Sauvignon und Merlot, selbstverständlich am Drahtrahmen. Aus diesen Sorten erzeugt er Weine, mit denen er in die absolute Spitze der Südtiroler Weinerzeuger vorgestoßen ist.

■ Behutsamer Vorstoß

Freilich war es ein behutsamer Vorstoß, ein langsames Herantasten an die bestmögliche Qualität. Ein kräftiger, von reifen Birnen- und frischen Hefearomen geprägter Weißburgunder (mit 15% Ruländer und 5% Chardonnay, im großen Akazienholzfaß vergoren und ausgebaut), ein begeisternder, stachelbeerfruchtiger Sauvignon (Stahltankausbau) sowie zwei rote Cuvéeweine: der mehr fruchtbetonte Rot (im großen Holzfaß gereift) und der tanninbetonte Auhof (15 Monate in neuen Barriques). Beide Weine bestehen aus Cabernet Sauvignon, Merlot, ein wenig Cabernet franc und 5% Syrah. Die Trauben für den Rot stammen von jüngeren, die für den Auhof von älteren Stöcken. Beide wachsen in der Lage Auhof. Erstmals wurden diese Cuvées 1997 erzeugt. Vorher wurden Cabernet und Merlot getrennt abgefüllt.

■ Großer Südtiroler Rotwein

Der Auhof ist einer der großen, neuen Südtiroler Rotweine, die Maßstäbe setzen. Mit den grasigen, kräuterwürzigen Cabernets von einst hat er nichts mehr zu tun – aber auch nichts mit den fetten, geschminkten Barrique-Weinen, die vielerorts in Südtirol aus dem Keller kommen. Ein großer Wurf ist Widmann auch mit dem Gewürztraminer gelungen, der in Zukunft bei ihm eine bedeutendere Rolle spielen wird. Nicht zu vergessen die Beerenauslese des Goldmuskatellers. Diese Sorte hat Widmann auf Vernatsch-Reben gepfropft. Vernatsch bedeckt übrigens immer noch fast die Hälfte seiner Rebflächen: zur Freude seiner Kunden und zur Genugtuung seines alten Vaters.

Weitere empfehlenswerte Weinhöfe und Weinkellereien

Egger-Ramer
Guntschnastraße 5
39100 Bozen
Tel: 0471-280541
Fax: 0471-280541

Anton von Elzenbaum
Hans-Feuer-Straße 4
39040 Tramin
Tel: 0471-860124
Fax: 0471-860124

Weinkellerei Kettmair
Kellereistraße 4
39052 Kaltern
Tel: 0471-963135
Fax: 0471-963393

Weinkellerei Kupelwieser
Weinstraße 24
39040 Kurtinig
Tel: 0471-817143
Fax: 0471-817743

Weinkellerei Lun
Talfergries 5–7
39100 Bozen
Tel: 0471-976583
Fax: 0471-302140

Johannes Pfeifer
»Pfannenstielhof«
Pfannenstielweg 9
39100 Bozen
Tel: 0471-970884
Fax: 0471-970884

Schloß Rametz
Laberstraße 4
39012 Meran
Tel: 0473-211011
Fax: 0473-211015

Giuseppe Soini
Nationalstraße 12
39051 Branzoll
Tel: 0471-967044
Fax: 0471-967705

Peter Wachtler »Taschlerhof«
Brennerstraße 107
39042 Brixen
Tel: 0472-851091

Weinkellerei Wilhelm Walch
Andreas-Hofer-Straße 1
39040 Tramin
Tel: 0471-860103
Fax: 0471-860781

Alois Warasin
Schreckbichl 1
39050 Girlan
Tel: 0471-662462
Fax: 0471-662462

Josef Weger
Jesuheimstraße 17
39050 Girlan
Tel: 0471-662416
Fax: 0471-660189

Horst Zisser »Eberlehof«
St. Magdalena
39100 Bozen
Tel: 0471-978607
Fax: 0471-975654

ANHANG

DIE BESTEN VINOTHEKEN SÜDTIROLS

Vinothek Battisti-Matscher
Goldgasse 7
39052 Kaltern

Vinothek Lageder
Drususallee 122
39100 Bozen

Meraner Weinhaus
Romstraße 76
39012 Meran

Vinothek Merum
Johann-Georg-Platzer-Straße 5
39057 Eppan

Vinothek Stroblhof
Piganostraße 23
39057 Eppan

VINUM Vinothèque
Brennerstraße 28
39100 Bozen

GLOSSAR

■ **Ausbau**
Reifung des Weines im Holzfaß oder im Edelstahltank.

■ **Barrique**
Kleines Holzfaß von 225 Litern Inhalt, in dem hochwertige Weiß- und Rotweine ausgebaut werden. Meist aus engporiger französischer Eiche gefertigt, die dem Wein einen feinen Vanilleton hinzufügt.
In der Regel werden Barriques für nicht mehr als drei Weinjahrgänge benutzt, weil das Holz danach kein Tannin mehr abgibt.

■ **Blatterle**
Alte Rebsorte, Mutation des Gelben Muskatellers, früher in Südtirol wegen der großen Erträge sehr beliebt, heute so gut wie ausgestorben.

■ **Blauburgunder**
Auch Spätburgunder oder Pinot Nero genannt.

■ **Botrytis (cinerea)**
Als Edelfäule erwünscht, weil sie das Wasser in den Beeren verdunsten läßt und so die Zuckerkonzentration erhöht. Als Graufäule bei dünnschaligen Beeren jedoch gefährlich, weil sie das Gewebe zerstört. Auch bei Trauben, die zur Herstellung von trockenen Weinen vorgesehen sind, unerwünscht.

■ **Burggrafenamt**
Gegend von Andrian bis Algund mit dem Zentrum Meran, in der im Mittelalter die Grafen von Tirol herrschten und landesfürstliche Macht ausübten.

■ **Cabernet franc**
Lange Jahre hindurch die in Südtirol vorherrschende Cabernet-Rebe, inzwischen durch Cabernet Sauvignon stark zurückgedrängt

■ **Carmenère**
In Südtirol einst weit und heute noch in Resten verbreitete Mutation des Cabernet franc, die extrem grasige, unreif schmeckende Weine ergibt.

■ **D.O.C.**
Denominazione di Origine Controllata, ital. Ursprungsbezeichnung für Qualitätsweine.

Drahtrahmen
Moderne Rankhilfe für Reben, bestehend aus drei (oder vier) übereinander angeordneten Drähten, an denen die Triebe jedes Jahr aufgebunden werden. Drahtrahmenerziehung erlaubt der Rebe nur eine begrenzte Traubenproduktion.

Edelstahltank
Behälter zum Vergären des Mostes und Ausbau des Weines, meist mit Möglichkeiten der Temperaturkontrolle versehen.

Erziehungssystem
Sammelbegriff für alle Formen von Rankhilfen für Reben.

Fraueler
Alte, im Vinschgau früher weitverbreitete Sorte, die leichte, stark säurehaltige Weißweine ergibt und von den Einheimischen deshalb »Reifenbeißer« genannt wurde.

Gärung, malolaktische
Bakterielle Gärung, bei der die harte Apfelsäure in die weichere Milchsäure verwandelt wird. Bei Rotweinen unumgänglich, teilweise auch bei barriquevergorenen Weißweinen sinnvoll.

Grasig
Geschmacksnote vieler Südtiroler Cabernets, von den einen als »typisch« und damit positiv bezeichnet, von den anderen als Indiz für mangelnde Traubenreife eher negativ bewertet.

Holzfaß, großes
Traditionelles Behältnis zum Ausbau von Rot- und Weißweinen, das es in verschiedenen Größen (von 1 Hektoliter bis 50 Hektoliter und mehr) gibt. Große Holzfässer werden viele Jahre benutzt und sind geschmacksneutral.

IGT
Indicazione Geografica Tipica: seit 1995 geltende Bezeichnung für die höchste Kategorie von Tafelweinen.

Klon
Durch Aufpfropfen eines Schößlings vermehrte Rebsorte. Der Ausdruck wird oft für eine bestimmte Mutation einer Rebsorte mit bestimmten Eigenschaften verwendet.

Passito
In Italien weitverbreitetes Verfahren zur Herstellung von Spätlesen. Dabei werden die Trauben auf Strohmatten getrocknet und erst abgepreßt, wenn sie mehr oder minder stark eingeschrumpelt sind.

Pergel
Traditionelles, in Südtirol noch heute verbreitetes Erziehungs-

system, bei dem die Rebe an einem Holzgerüst hochgezogen wird. Triebe und Rebschenkel werden hoch über dem Boden aufgebunden und bilden ein Dach, eine Pergola. Vor allem für Vernatsch gebräuchlich.

■ Riserva
Bezeichnung für einen längere Zeit im Holzfaß gereiften Wein. Von Fall zu Fall durch Gesetz geregelt.

■ Ruländer
Auch Grauer Burgunder oder Pinot Grigio genannt.

■ Strahler
In Südtirol allgemein gebräuchliche Bezeichnung für einen im gemischten Satz gekelterten Weißwein.

■ Tafelwein
Unterste Kategorie in der Qualitätspyramide der europäischen Weingesetzgebung. Gelegentlich für hochwertige, aber in kein D.O.C.-Schema passende Weine verwendet. Tafelweine dürfen keinen Jahrgang tragen und keine Rebsorte angeben.

■ Törggeln
In Südtirol allgemein gebräuchliche Bezeichnung für entspanntes Zechen. Als Törggel ist eigentlich die Weinkelter bezeichnet.

■ Überetsch
Hauptweinanbaugebiet Südtirols, das von St. Pauls über Eppan bis Kaltern reicht.

■ Unterland
Südlicher Teil Südtirols, von Tramin bis Salurn reichend.

■ Vino da tavola
Tafelwein.

■ Weißburgunder
Auch Weißer Burgunder oder Pinot Bianco genannt.

■ Wimmen
In Südtirol gebräuchliche Bezeichnung für ernten.

JAHRGANGSTABELLE ROTWEINE

Jahr	Bewertung
1998	●●
1997	●●●●●
1996	●●●
1995	●●●●●
1994	●●●
1993	●●●
1992	●●
1991	●●
1990	●●●●●
1989	●●●
1988	●●●●
1987	●●
1986	●●
1985	●●●●

Symbol	Bedeutung
●	schwach
●●	klein
●●●	gut
●●●●	sehr gut
●●●●●	groß

REGISTER

Andrianer Kellerei 38
Arunda-Vivaldi 98
Aurich, Martin, »Unterortl« 156
Berger, Andreas, »Turnhof« 158
Brigl, Josef 100
Burggräfler Kellerei 42
Casòn Hirschprunn 102
Castel Katzenzungen 104
Castel Schwanburg 106
Dipoli, Peter 160
Dürfeld Giovanelli, Baron 162
Egger-Ramer 214
Eisacktaler Kellerei 46
Elzenbaum, Anton von 214
Erste & Neue 48
Girlan, Kellerei 52
Gojer, Franz, »Glögglhof« 164
Gottardi 166
Gries, Kellerei 56
Haas, Franz 108
Haderburg 110
Hofkellerei 112
Hofstätter, J. 114
Kaltern, Kellerei 60
Kettmair, Weinkellerei 214
Kloster Muri-Gries 118
Kloster Neustift 120
Köfererhof 168
Kössler 124
von Kripp, Baron, »Stachlburg« 170
Kupelwieser, Weinkellerei 214
Kurtatsch, Kellerei 64
Lageder, Alois 126
Laimburg 172
Loacker 174
Lun, Weinkellerei 214
Malojer, R., »Gummerhof« 130
Manincor 176
Martini, K., & Sohn 132
Martini, Lorenz 134
Mayr, Josephus, »Unterganznerhof« 178
Mayr, Thomas, & Söhne 136
Menz, Andreas, »Popphof« 182
Meraner Kellerei 68
Mumelter, Georg, »Griesbauerhof« 184
Nals & Margreid-Entiklar, Kellerei 70
Niedermayr, Josef 138
Niedrist, Ignaz 186
Pfeifer, Johannes, »Pfannenstielhof« 214
Pfeil, Graf, »Ansitz Kränzl« 188
Plattner, Heinrich, »Ansitz Waldgries« 190
Pilger, Peter, »Kuenhof« 192
Pohl, Hubert, »Köfelgut« 194
Pratzner, Franz, »Falkenstein« 196
Rametz, Schloß 214
Ramoser, Georg, »Untermoserhof« 198
Ramoser, Stefan, »Fliederhof« 200
Rottensteiner, Hans 140
Rottensteiner, Henrich, »Obermoserhof« 202
Sallegg, Schloß 204
Schmid-Oberrautner, A. 142
Schreckbichl/Colterenzio, Kellerei 72
Schuster, Oswald, »Befehlhof« 206
Soini, Giuseppe 214
Sölva, Peter, & Söhne 144
St. Magdalena, Kellerei 76
St. Michael/Eppan, Kellerei 80
St. Pauls, Kellerei 84
Stroblhof 208
Südtiroler Weinbauernverband 86
Terlan, Kellerei 88
Tiefenbrunner, »Ansitz Turmhof« 146
Tramin, Kellerei 92
Wachtler, Peter, »Taschlerhof« 214
Walch, Elena 210
Walch, Wilhelm, Weinkellerei 214
Waldthaler, Clemens 150
Warasin, Alois 214
Weger, Josef 214
Widmann, Baron 212
Zemmer, Peter 152
Zisser, Horst, »Eberlehof« 214

BEZUGSQUELLEN

Die folgende Liste mit Adressen von Direktimporteuren wurde nach den Angaben der Kellereien erstellt. Alle Produzenten, die keine direkten Bezugsquellen angegeben haben, nennen, sofern vorhanden, auf Anfrage einen Importeur in Ihrer Nähe.

Genossenschaften

Andrianer Kellerei

Nähere Informationen über die Kellerei, Adresse siehe Seite 38

Bruggräfler Kellerei Gen.m.b.H.

Castel Cosimo Weinlager GmbH
Heidenkampsweg 84
D-20097 Hamburg
Tel. 040/234443
Fax 04/230386

S.I.S. Weingroßhandel
Feldstraße 7
D-63456 Hanau
Tel. 06181/60430
Fax 06181/661401

Weinhaus Kiderlen
Hinzistoblerstraße 10
D-88212 Ravensburg
Tel. 0751/366610
Fax 0751/3662626

Für Österreich und Schweiz:
Keine Angaben. Nähere Informationen direkt bei der Kellerei, Adresse siehe Seite 42.

Eisacktaler Kellerei Gen.m.b.H.

Martinsrieder Weinhof
Jochen Schwerdtner
Neuriederstraße 1
D-82152 Planegg
Tel. 089/8593215
Fax 089/8598447

Für Österreich:
Keine Angaben. Nähere Informationen direkt bei der Kellerei, Adresse siehe Seite 46.

Ceppo d'Oro SA
Via Pedemonte
CH-6818 Melano
Tel. 091/6306300
Fax 091/6306302

Erste & Neue Kellerei Gen.m.b.H.

Weinhaus Mauz
Bismarckstraße 51
D-73760 Ostfildern 2 / Nellingen
Tel. 0711/3411439
Fax 0711/3482795

Weinhaus Kraus
Partenkirchner Straße 52
D-82490 Farchant
Tel. 08821/51292
Fax 08821/2766

Baumi Getränkeland
Am Kreuzbach 3
D-91083 Baiersdorf
Tel. 09133/4466
Fax 09133/789219

Walter Ribis
Postfach 546
A-6167 Neustift/Stubaital
Tel. 05226/2708
Fax 05226/3561

Nikolaus Mader
Zwischenweger 10
A-6405 Oberhofen
Tel. 05262/62733
Fax 05262/6273344

Weinkellerei Bregenzer
Bregenzer-Straße 41
A-6900 Bregenz
Tel. 05574/43156
Fax 05574/47844

Franz Thomüller
Bahnhofstraße 5
A-8641 St. Marein
Tel. 03864/2253
Fax 03864/22533

Kurt Ryter
Thunstraße 84
CH-3074 Muri
Tel. 031/9517094
Fax 031/9518970

Kellereigenossenschaft Girlan Gen.m.b.H.

Bavaria Spirituosen Import GmbH
Meisenweg 13
D-82152 Krailling
Tel. 089/8571041
Fax 089/8573746

Theodor Purkhart KG
Steinerstraße 3
A-4400 Steyr
Tel. 07252/734380

Peter Neururer
Vinothek
Innsbruckerstraße 39
A-6130 Schwaz/Tirol
Tel. 05242/63230

Josef Summer's Erben Ges.m.b.H.
Walgaustraße 18
A-6833 Klaus/Vorarlberg
Tel. 05523/627550

Emil Voser AG
Dorfstraße 40
CH-5432 Neuenhof
Tel. 056/4061361

Schächle AG
Churerstraße 263
CH-9485 Nendels/Lichtenstein
Tel. 075/3771777

Kellerei Gries Gen.m.b.H.

Renate Stoessel
Ars Vivendi Handelsagentur
Deußstraße 14/a
D-47803 Krefeld
Tel. 02151/505807
Fax 02151/592408

Josef A. Korn GmbH
Triebstraße 15-17
D-80993 München
Tel. 089/14900333
Fax 089/14900310

A & O Handelsgesellschaft
Bachgasse 1
D-93047 Regensburg
Tel. 0941/5868140
Fax 0941/5868112

Baumann Otto
Martin Lamitzer Straße 90/a
D-95126 Schwarzenbach
Tel. 09284/375
Fax 09284/6234

Pfanner & Gutmann
Grabenweg 67a
A-6020 Innsbruck
Tel. 0512/390715
Fax 0512/39071537

St. Jakobskellerei
Franzosenstraße 14
CH-8423 Seewen-Schwyz
Tel. 041/8193131
Fax 041/8193212

Kellerei Kaltern GmbH

Törggelen Weinimport
Humboldstraße 38
D-81543 München
Tel. 089/656624
Fax 089/658978

Peter Meraner jr.
Weingroßhandlung
Rennweg 16
A-60202 Innsbruck
Tel. 0512/586124
Fax 0512/586125

Schwarzenberger GmbH & Co. KG
Römerstraße 34-36
A-6230 Brixlegg
Tel. 05337/62243
Fax 05337/6224319

Georg Vogel
Weinimport Engros
Weinbergstraße 69
CH-8035 Zürich
Tel. 01/3623650
Fax 01/3611229

Kellerei Kurtatsch Gen.m.b.H.

Heuer & Co. Weinimport
Lichtenbergerstraße 39
D-38120 Braunschweig
Tel. 0531/2842032
Fax 0531/2842033

Renate Stoessel
Ars Vivendi Handelsagentur
Deußstraße 14/a
D-47803 Krefeld
Tel. 02151/505807
Fax 02151/592408

Christal Wein Import
Freisinger Landstraße 1
D-85738 Garching
Tel. 089/3201011
Fax 089/3207447

Hermann Pfanner Getränke
Ges.m.b.H.
Alte Landstraße 10
A-6923 Lauterach
Tel. 05574/6720
Fax 05574/79504

Interzegg AG
Clis Center
CH-7563 Samnaun Dorf
Tel. 081/8618088
Fax 081/8618089

Meraner Kellereigenossenschaft m.b.H.

Weinhaus Mauz
Bismarckstraße 51
D-73760 Ostfildern 2/Nellingen
Tel. 0711/3411439
Fax 0711/3482795

Törggelen GmbH
Humboldstraße 38
D-81543 München
Tel. 089/656624
Fax 089/658978

Firma Erwin Selbherr
Weinagentur/Weinimport
Lerchenweg 19
D-88348 Saulgau/Württemberg
Tel. 07581/7361
Fax 07581/7397

Für Österreich und Schweiz:
Keine Angaben. Nähere Informationen direkt bei der Kellerei, Adresse siehe Seite 68.

Kellereigenossenschaft Nals & Margreid-Entiklar

Enoteca Federico
Poolstraße 30
D-20355 Hamburg
Tel. 040/351896

Buchmüller Weine
Fährstraße 15
D-79730 Murg
Tel. 07763/6044

Vinothek Hermann Munzert
Damaschkestraße 11
D-81825 München
Tel. 089/421827
Fax 089/426486

Hieber Weine
Gutenbergstraße 6
D-85646 Anzing
Tel. 08121/6048
Fax 08121/1543

BEZUGSQUELLEN

Domberger Weine
Am Katzenstadel 10
D-86152 Augsburg
Tel. 0821/488919
Fax 08121/485727

Vinothek Edenhauser
Museumstraße 38
A-6020 Innsbruck – Sillpark
Tel. 0512/589483

Biedermann „Der Weinkeller"
Reichstraße 123/A
A-6800 Feldkirch
Tel. 05522/72309
Fax 05522/723094

Weinkellerei Aarau
Rohrerstraße 64
CH-5001 Aarau
Tel. 062/8380030
Fax 062/8380039

Weinkellerei Brun
Hirschgraben 53
CH-6003 Luzern
Tel. 041/2400930

Kellerei Schreckbichl

CWD GmbH
Hamburger Straße 14-20
D-25436 Tornesch/Hamburg
Tel. 04122/504212

Weinhaus Stratmann GmbH
Bremer Straße 70
D-27404 Zeven
Tel. 04281/3286

Mövenpick
Brennabor Straße 5
D-44149 Dortmund
Tel. 0231/9651560

Garibaldi
Eberhard Spangenberg
Frohschammerstraße 14
D-80807 München
Tel. 089/3590222
Fax 089/3592929

Wein & Co.
Macklangasse 6
A-1220 Wien
Tel. 01/25055630

Pfanner & Gutmann
Grabenweg 67a
A-6020 Innsbruck
Tel. 0512/3907150
Fax 0512/39071537

Tangl
Trujegasse 9/b
A-6464 Tarrenz/Tirol
Tel. 05412/66067

Baur Au Lac
Spitalgasse 71
CH-8902 Urdorf
Tel. 01/7344450

Kellerei St. Magdalena Gen.m.b.H.

Weinhaus Mauz
Bismarckstraße 51
D-73760 Ostfildern 2/Nellingen
Tel. 0711/3411439
Fax 0711/3482795

Törggelen GmbH
Humboldstraße 38
D-81543 München
Tel. 089/656624
Fax 089/658978

Pfanner & Gutmann
Grabenweg 67a
A-6020 Innsbruck
Tel. 0512/3907150
Fax 0512/39071537

Weinhandlung 100
Jürg Müller
Dorfstraße 100
CH-8105 Watt
Tel. 01/8400836

Weitere Importeure auf Anfrage direkt bei der Kellerei, Adresse siehe Seite 76

Kellerei St. Michael/Eppan Gen.m.b.H.

ALSA Im- und Export GmbH
Wichmannstraße 4
D-22607 Hamburg
Tel. 040/8908350
Tel. 040/89081919

Renate Stoessel
Ars Vivendi Handelsagentur
Deußstraße 14/a
D-47803 Krefeld
Tel. 02151/505807
Fax 02151/592408

VLG Großverbraucherdienst
Südwest GmbH
Straße des 13. Januar 9-13
D-66121 Saarbrücken
Tel. 0681/6870956
Fax 0681/6870950

Thomas Niederreuther
Frische-Markt
Zenettistraße 10
D-80337 München
Tel. 089/76710
Fax 089/767155

Rudolf Wagner KG
Scharnsteinerstraße 1
A-4810 Gmunden
Tel. 07612/7840
Fax 07612/78411

A. Gottardi KG
Kellerei
Heiliggeiststraße 10
A-6021 Innsbruck
Tel. 0512/587132
Fax 0512/5871329

Paul Ullrich AG
Laufenstraße 16
CH-4018 Basel
Tel. 061/3389090

Fusters Wy-Bude AG
Kesselhaldenstraße 85
CH-9016 St. Gallen
Tel. 071/2886848
Fax 071/2881811

Kellereigenossenschaft St. Pauls

Bavaria Spirituosen Import GmbH
Meisenweg 13
D-82152 Krailling
Tel. 089/8571041
Fax 089/8573746

Für Österreich und Schweiz:
Keine Angaben.
Nähere Informationen direkt bei
der Kellerei, Adresse siehe Seite 84.

Südtiroler Weinbauernverband Gen.m.b.H.

Kramer & Groth
Steindamm 5
D-22844 Norderstedt
Tel. 040/5267061
Fax 040/5226653

Renate Stoessel
Ars Vivendi Handelsagentur
Deußstraße 14/a
D-47803 Krefeld
Tel. 02151/505807
Fax 02151/592408

Vogelmann & Gailing GmbH
Karlstraße 40
D-71638 Ludwigsburg
Tel. 07141/903124 und 903125
Fax 07141/903126

Alois Henkel
Bismarckstraße 12
D-86159 Augsburg
Tel. 0821/571057
Fax 0821/575357

Getränke Fadum
Industriezone 57
A-6460 Imst
Tel. 05412/62200

Getränkehandel Linzgieseder
A-6632 Ehrwald
Tel. 05673/2244

Für die Schweiz:
Keine Angaben.
Nähere Informationen direkt bei
der Kellerei, Adresse siehe Seite 86.

Kellerei Terlan

Remscheider Weindepot
Brigitte Kieslich
Am Bruch 5
D-42857 Remscheid
Tel. 02191/76506
Tel. 02191/76634

Vino Grande
Thomas Kierdorf
Von-Schmoller-Straße 8
D-45128 Essen
Tel. 0201/796698
Fax 0201/796699

Weinhandlung Daimer
Xaver-Hamberger-Weg 17a
D-85614 Egelharting
Tel. 0891/6324
Fax 0891/2760

Gebrüder Kössler & Ulbricht
»Die Weinhalle –
Der Weinversand«
Nordostpark 78
D-90411 Nürnberg
Tel. 0911/525153
Fax 0911/5298874

Feinkost H. Kölbl
Theatergasse 2
A-5020 Salzburg
Tel. 0662/872423

Schulerweine Jakobskellerei
Franzosenstraße 14
CH-6429 Seewen
Tel. 041/8193221

Kellereigenossenschaft Tramin Gen.m.b.H.

J. Feichtlbauer
Karlshulderstraße 16
D-85051 Ingoldstadt
Tel. 08450/8706

Weiler-Kiderlen
Hinzistoblerstraße 12
D-88212 Ravensburg
Tel. 0751/21282

Vinoteca di Palma
Oberndorf 338
A-6322 Kirchbichl
Tel. 05332/88626
Wimmer KEG
Alleestraße 33
A-6344 Walchsee
Tel. 05374/5266

Bels-Wines Weinhandel
Neufrankengasse 16
CH-8004 Zürich
Tel. 01241/7902

Privatkellereien

Arunda-Vivaldi

Verkaufsorganisation Deutschland:
Vinifera G. Geraci
Am Ring 4
D-71686 Remseck
Tel. 07146/8216226
Fax 07146/821587

Wein & Sektimport
Il Cantiniere
Charlottenstraße 2
D-10969 Berlin
Tel. 030/2521165

Centro GmbH
Natale Scerra
Karl-Zeiss-Straße 8
D-25451 Quickborn
Tel. 0171/4402847

Weinspezialitäten
Nico Herbst
Uerdingerstraße 67
D-47799 Krefeld
Tel. 02151/28404
Fax 02151/614988

BEZUGSQUELLEN

Gerwig Import
Solitudenallee 123
D-70806 Kornwestheim
Tel. 07154/6087
Fax 07154/26847

Thomas Niederreuther
Frische-Markt
Zenettistraße 10
D-80337 München
Tel. 089/76710
Fax 089/767155

Vinothek Hermann Munzert
Damaschkestraße 11
D-81825 München
Tel. 089/421827
Fax 089/426486

Rudolf Wagner KG
Scharnsteinerstraße 1
A-4810 Gmunden
Tel. 07612/7840
Fax 07612/78411

Für die Schweiz:
Keine Angaben. Nähere Informationen direkt bei der Kellerei, Adresse siehe Seite 98.

Josef Brigl

Josef A. Korn GmbH
Triebstraße 15.17
D-80993 München
Tel. 089/14900333
Fax 089/14900310

In Österreich:
Filialen der Fa. Julius Meinl

In der Schweiz:
In der Regel nur offener Verkauf

Weitere Informationen direkt über die Kellerei, Adresse siehe Seite 100.

Casòn Hirschprunn

Schlumberger GmbH & Co. KG
Buschstraße 20
D-53340 Meckenheim
Tel. 02225/9250
Fax 02225/925151

Rudolf Wagner KG
Scharnsteinerstraße 1
A-4810 Gmunden
Tel. 07612/7840
Fax 07612/78411

Wyhus Belp AG
Sägestraße 33
CH-3123 Belp
Tel. 031/8193017
Fax 031/8191883

Rudolf Bindella
Weinhandel AG
Hönggerstraße 115
CH-8037 Zürich
Tel. 01/2766262
Fax 01/2714022

Il Caratello Weine
Heiligkreuzstraße 3
CH-9008 St. Gallen
Tel. 071/2448855
Fax 071/2446380

Castel Katzenzungen

Jacques' Wein Depot
Bilker Allee 49
D-40219 Düsseldorf
Tel. 0211/3900259
Fax 0211/3900255

Vinothek Hermann Munzert
Damaschkestraße 11
D-81825 München
Tel. 089/421827
Fax 089/426486

Vinothek Haus der italienischen Weine
Großreuther Straße 93
D-90425 Nürnberg
Tel./Fax 0911/351515

Walter Ribis
Postfach 546
A-6167 Neustift/Stubaital
Tel. 05226/2708
Fax 05226/3561

BEZUGSQUELLEN

In der Schweiz:
Kein Direktimporteur. Nähere Informationen direkt bei der Kellerei, Adresse siehe Seite 104.

Castel Schwanburg

Bezugsadressen auf Anfrage direkt bei der Kellerei, Adresse siehe Seite 106.

Franz Haas

Harald L. Bremer GmbH
Efeuweg 3
38104 Braunschweig
Tel. 0531/237360
Fax 0531/373022

Für Österreich und Schweiz:
Keine Angaben. Nähere Informationen direkt bei der Kellerei, Adresse siehe Seite 108.

Haderburg

Keine Angaben. Bezugsquellen direkt bei der Kellerei, Adresse siehe Seite 110.

Hofkellerei

Falstaff-Weinhandel
Harting 37
D-84432 Hohenpolding
Tel./Fax 08084/8936

Korkenzieher – Das Weinhaus
Am Priel 2
D-86653 Monheim
Tel./Fax 090/912172

K. Amann Weinhandel
Wagnerstraße 1
A-6845 Hohenems
Tel. 05576/72322
Fax 05576/731809

Mathier & Spuler AG
CH-6055 Alpnach-Dorf
Tel. 041/6700510
Fax 041/6700513

Sonderegger Weine
Poststraße 9
CH-9410 Heiden
Tel./Fax 071/8911418

Hofstätter

Schelte Weinimport GmbH
Marktstraße 10
D-50968 Köln
Tel. 0221/9346870

Weinhandlung Glatz
Herrenstraße 12
D-8770 Memmingen
Tel. 08331/3350

Vergeiner
A-9900 Lienz
Tel. 04852/6680

Scherer & Bühler
CH-6045 Meggen
Tel. 041/3771122

Kloster Muri-Gries

VLG Großverbraucherdienst Südwest GmbH
Straße des 13. Januar 9-13
D-66121 Saarbrücken
Tel. 0681/6870956
Fax 0681/6870950

Saffer Weinkeller
Martin-Kollar-Straße 11
D-81829 München
Tel. 089/4200900
Fax 089/ 42009015

Weinkontor Hauser
Kumpfmühler Straße 44
D-93052 Regensburg
Tel. 0941/999665
Fax 0941/4613092

Alois Morandell & Sohn Wein GmbH
Wörgler Boden 13-15
A-6300 Wörgl
Tel. 05332/785550
Fax 05332/785556

Johannes Thurnher's GmbH
Bockackerstraße 13
A-6851 Dornbirn
Tel. 05572/261510
Fax 05572/2615110

Kremsmünster Stiftskellerei
A-4550 Kremsmünster
Tel. 07583/5275212

GAM Getränke AG
Aarauerstraße 26
CH-5630 Muri
Tel. 056/6644141
Fax 056/6644980

Bels-Wines GmbH Weinhandel
Neufrankengasse 16
CH-8004 Zürich
Tel. 01/2417902
Fax 01/2417906

Fusters Wy-Bude AG
Kesselhaldenstraße 85
CH-9016 St. Gallen
Tel. 071/2886848
Fax 071/2881811

Kloster Neustift

Fed. Wein Company
Thomas Kemmler
Schanzstraße 51
D-72770 Reutlingen
Tel. 07571/64182
Fax 07571/64186

Chorherrenstift Reichersberg
A-4981 Reichersberg 1
Tel. 07758/2313
Fax 07758/2313/32

Scala Vini
Christoph Künzli
CH-7270 Davos
Tel. 081/4165510
Fax 081/4164820

Kössler

Castel Cosimo
Italienisches Weinlager
Heidenkampsweg 84
D-20097 Hamburg
Tel. 040/234443
Fax 040/230386

Brauerei Mittenwald
Johann Neuner GmbH
Innsbrucker Straße 13
D-82481 Mittenwald
Tel. 08823/1007
Fax 08823/3590

Josef Kössler
St. Pauls Niederlassung
Bert-Köllensperger-Straße 5b
A-6065 Thaur
Tel. 05223/45570
Fax 05223/455708

Für die Schweiz:
Keine Angaben. Nähere Informationen direkt bei der Kellerei, Adresse siehe Seite 124.

Alois Lageder

Wein & Glas Compagnie
Prinzregentenstraße 2
D-10717 Berlin-Wilmersdorf
Tel. 030/2351520
Fax 030/23515222

Alsa Im- und Export GmbH
Wichmannstraße 4
D-22607 Hamburg
Tel. 040/8908350
Fax 040/89081919

Fischer & Trezza Import GmbH
Ulmerstraße 150
D-70188 Stuttgart
Tel. 0711/4606700
Fax 0711/4606900

La Cave Steines
Taufkirchnerstraße 2
D-85435 Erding
Tel. 08122/18200
Fax 08122/40168

BEZUGSQUELLEN

Alois Morandell & Sohn
Wörgler Boden 13-15
A-6300 Wörgl/Tirol
Tel. 05332/78550
Fax 05332/71963

Rudolf Bindella Weinhandel AG
Hönggerstraße 115
CH-8037 Zürich
Tel. 01/2766262
Fax 01/2714022

R. Malojer »Gummerhof«

G. Käbisch
Am Rathaus
Donaustraße 1
D-93309 Kelheim
Tel. 09441/7462
Fax 09441/7351

Für Österreich:
Keine Angaben. Nähere Informationen direkt bei der Kellerei, Adresse siehe Seite 130.

Paul Schwob AG
Kasernenstraße 25
CH-4410 Liestal
Tel. 061/9211333
Fax 061/9211332

Fa. Clerc Bamert
Rüteli im Buobental
CH-8855 Nuolen/Zürichsee
Tel. 055/4404146
Fax 055/4406476

Fa. Gügler
Sonnenstraße 9
CH-9001 St. Gallen
Tel. 071/247333

K. Martini & Sohn

Linke Weinhandelsgesellschaft
Cramer-Klett-Straße 24a
D-85579 Neubiberg
Tel. 089/8292120
Fax 089/82921226

Müllers Weinparadies
Jäckstraße 29
D-96052 Bamberg
Tel. 0951/602500
Fax 0951/602501

Weitere Bezugsquellen für Deutschland auf Anfrage bei der Kellerei, Adresse siehe Seite 132.

Ewald Gruber
A-3743 Röschwitz
Tel. 02984/2765
Fax 02984/276515

Für die Schweiz:
Keine Angaben. Nährere Informationen direkt bei der Kellerei.

Lorenz Martini

Keine Angaben. Bezugsquellen direkt bei der Kellerei, Adresse siehe Seite 134.

Thomas Mayr & Söhne

Weinhaus Paus
Konrad-Duden-Straße 1
D-46485 Wesel
Tel. 0281/66388
Fax 0281/66389

Johannes Müller Weinimport
Erich-Kästner-Straße 19
D-80796 München
Tel. 089/3085615
Fax 089/304637

Vinothek Hermann Munzert
Damaschkestraße 11
D-81825 München
Tel. 089/421827
Fax 089/426486

Für Österreich und Schweiz:
Keine Angaben. Nähere Informationen direkt bei der Kellerei, Adresse siehe Seite 136.

BEZUGSQUELLEN

Josef Niedermayr KG

Zahlreiche Importeure in Deutschland. Die Auslieferung erfolgt über München Neufahrn auf Bestellung direkt bei der Kellerei, Adresse siehe Seite 138.

Hermann Pfanner Getränke Ges.m.b.H.
Alte Landstraße 10
A-6923 Lauterach
Tel. 05574/6720
Fax 05574/79504

Weinkeller Rieger
Mellingen AG
CH-5244 Birrhard
Tel. 056/2014141
Fax 056/2014149

Hans Rottensteiner GmbH

Henninger Selection
Gautingerstraße 10
D-82061 Neuried
Tel. 089/7593626
Fax 089/7593698

Casa del Vino
Pfarrer-Kneipp-Straße 7
D-84478 Waldkraiburg
Tel. 08638/3819
Fax 08638/85481

Weinimport Anton Mayr
Leopoldstraße 34-36
A-6020 Innsbruck
Tel. 0512/582378

Weinimport Georg Vogel
Weinbergstraße 69
CH-8035 Zürich
Tel. 01/3623650
Fax 01/3611229

Anton Schmid-Oberrautner

Für Deutschland und Österreich:
Keine Angaben. Nähere Informationen direkt bei der Kellerei, Adresse siehe Seite 142.

A. Gottardi KG
Kellerei
Heiliggeiststraße 10
A-6021 Innsbruck
Tel. 0512/587132
Fax 0512/5871329

Peter Sölva & Söhne

Saffer Weinkeller
Martin-Kollar-Straße 11
D-81829 München
Tel. 089/4200900
Fax 089/ 42009015

Für Österreich und Schweiz:
Keine Angaben. Nähere Informationen direkt bei der Kellerei, Adresse siehe Seite 144.

Tiefenbrunner GmbH

Tiefenbrunner & Schmölz
Löwenstraße 51
D-70597 Stuttgart
Tel. 0711/7651293
Fax 0711/7652156

Für Österreich:
Keine Angaben. Nähere Informationen direkt bei der Kellerei, Adresse siehe Seite 146.

Silvino AG
Hohlstraße 130
CH-8004 Zürich
Tel. 01/2420402
Fax 01/2422003

Clemens Waldthaler

Keine Angaben. Bezugsquellen direkt bei der Kellerei, Adresse siehe Seite 150.

Peter Zemmer

Weinagentur Bruno Pellegrini GmbH
Pestalozzistraße 5
D-75829 Landau
Tel. 06341/81071
Fax 06341/81060

Anton Maier
Leopoldstraße 34
A-6020 Innsbruck
Tel. 0512/582378

Paul Spörri Swiss Panorama
Schädrütirain 5
CH-6006 Luzern
Tel. 041/3700622
Fax 041/3700623

Eigenbau-Winzer

Martin Aurich »Unterortl«

Weinhandel Lowin
Schierker Straße 2
D-28205 Bremen
Tel. 0421-4986706
Fax 0421-498130

Für Österreich und Schweiz:
Keine Angaben. Bezugsquellen direkt bei der Kellerei, Adresse siehe Seite 156.

Andreas Berger »Thurnhof«

Alles aus Südtirol
Rotenbergstraße 152
D-70190 Stuttgart
Tel. 0711/2850941

Weinhaus Heinrich & Heinrich
Dominikanerstraße 7
D-96046 Bamberg
Tel. 0951/58057

Für Österreich und Schweiz:
Keine Angaben. Bezugsquellen direkt bei der Kellerei, Adresse siehe Seite 158.

Peter Dipoli

Weinkontor Freund
Brüggenkamp 10
D-33775 Versmold
Tel. 05423/94520
Fax 05423/945252

Kracher KG
Apetlonerstraße 37
A-7142 Illmitz
Tel. 02175/3377
Fax 02175/33774

DEJA BU Wein & Catering
Ruth Schürch
Rynchenbergstraße 360
CH-8404 Winterthur
Tel. 052/2431525
Fax 052/2431526

Baron Dürfeld Giovanelli

Weinhaus Stratmann GmbH
Bremer Straße 70
D-27404 Zeven
Tel. 04281/3286

Für Österreich und Schweiz:
Keine Angaben. Nähere Informationen direkt bei der Kellerei, Adresse siehe Seite 162.

Fanz Gojer »Glögglhof«

Harald L. Bremer GmbH
Efeuweg 3
D-38104 Braunschweig
Tel. 0531/237360
Fax 0531/373022

BEZUGSQUELLEN

Garibaldi
Eberhard Spangenberg
Frohschammerstraße 14
D-80807 München
Tel. 089/3590222
Fax 089/3592929

Für Österreich:
Keine Angaben. Nähere Informationen direkt bei der Kellerei, Adresse siehe Seite 164.

Enoteca
Liechti Weine
Schneidergasse 10
CH-4003 Basel
Tel. 061/2818921
Fax 061/2814390

Önothek Halde 9
Erika und Franz Gilli
Untere Halde 9
CH-5400 Baden
Tel. 056/2217606
Fax 056/2103902

Vinothek Carl Studer
Langensandstraße 7
CH-6005 Luzern
Tel. 041/3604589
Fax 041/3611040

Gottardi

Für Deutschland und Schweiz:
Keine Angaben. Nähere Informationen direkt bei der Kellerei, Adresse siehe Seite 166.

Sankt Urban Kellerei
Heiliggeiststraße 10
A-6021 Innsbruck
Tel. 0512/5844930
Fax 0512/5871329

Köfererhof

Keine Direktimporteure im Ausland. Direktverkauf an Restaurants sowie verschiedene Weinhäuser in Südtirol. Nähere Informationen bei der Kellerei, Adresse siehe Seite 168.

Baron von Kripp »Stachlburg«

Alles aus Südtirol
Rotenbergstraße 152
D-70190 Stuttgart
Tel. 0711/285-0941
Fax 0711/285-0943

Der Weinladen
Augsburgerstraße 13
D-82256 Fürstenfeldbruck
Tel. 08141/290816

Für Österreich und Schweiz:
Keine Angaben. Nähere Informationen direkt bei der Kellerei, Adresse siehe Seite 170.

Laimburg

Schenk GmbH
Ludwig-Wilhelm-Platz 4
D-76485 Baden-Baden
Tel. 07221/38142
Fax 07221/35456

J. D. Deutter
Litschengasse 710-711
D-84028 Landshut
Tel. 0871/22069
Fax 0871/274457

A & O Handelsgesellschaft
Untere Bachgasse 1
D-93047 Regensburg
Tel. 0941/5868140
Fax 0941/5868112

Für Österreich und Schweiz:
Keine Angaben. Nähere Informationen direkt bei der Kellerei, Adresse siehe Seite 172.

Loacker

Pinot Gris
Osterfeldstraße 11
D-22529 Hamburg
Tel. 040/4303758
Fax 040/4304048

BEZUGSQUELLEN

Peter Riegel Weinimport
Steinacker 12
D-78359 Orsingen-Nenzingen
Tel. 0774/93130
Fax 0774/931312

Vins et Co.
Donnersbergerstraße 38
D-80634 München
Tel. 089/162057
Fax 089/165787

Döllerer Vinothek
Am Marktplatz 56
A-5440 Golling
Tel. 06244/42200
Fax 06244/69124

Salvi's
Arwenweg 3
CH-4153 Reinach
Tel./Fax 0617110019

Vintra Weinimporte
Krähbühlstraße 16
CH-8044 Zürich
Tel. 01/2606399
Fax 01/2606395

Manincor

Harald L. Bremer GmbH
Efeuweg 3
D-38104 Braunschweig
Tel. 0531/237360
Fax 0531/373022

Heger & Partner
Weingalerie Mettmann
Hombergerstraße 2
D-40822 Mettmann
Tel. 02104/51478
Fax 02104/805543

Weinforum
Manfred Böhm
Schwammbergerstraße 61
D-89073 Ulm
Tel. 0731/27772
Fax 0731/27860

Weinkontor
Pfarrstraße 6
D-91522 Ansbach
Tel. 0981/94930
Fax 0981/94920

Vinothek Jäger
Radetzkystraße 38-40
A-9020 Klagenfurt
Tel. 0463/57359
Fax 0463/54896-18

Andrä Vergeiner GmbH
Am Markt 1
A-9900 Lienz
Tel. 04852/6680
Fax 04852/668085

Piccolo Mondo Weinhandlung
Kräzernstraße 49
CH-9015 St. Gallen
Tel. 071/3114532
Fax 071/3114560

Josephus Mayr
»Unterganznerhof«

Guter Wein
Torsten Tesch
Lehmweg 26
D-20251 Hamburg
Tel./Fax 040/42913855

Weinselig
Werner Matheis
Marienstraße 51-53
D-30171 Hannover
Tel./Fax 0511/327547

Alois Dallmayr
Dienerstraße 14-15
D-80331 München
Tel. 089/21350
Fax 089/2135167

Enoteca Italiana
Roland Brunner
Andreasstraße 10
D-93059 Regensburg
Tel. 0941/86507
Fax 0941/89720

BEZUGSQUELLEN

Für Österreich und Schweiz:
Keine Angaben. Nähere Informationen direkt bei der Kellerei, Adresse siehe Seite 178.

Andreas Menz »Popphof«

Tulipino
Am Pulverturm
Fräuleinstraße 22
D-74321 Bietigheim
Tel./Fax 07142/980010

Hans-Peter Bierling
Forstenrieder Allee 164
D-81476 München
Tel. 089/7554665

Der Weinladen
U. Pulfer
Augsburger Straße 13
D-82256 Fürstenfeldbruck
Tel. 08141/290816
Fax 08141/346041

Für Österreich und Schweiz:
Keine Angaben. Nähere Informationen direkt bei der Kellerei, Adresse siehe Seite 182.

Georg Mumelter »Griesbauerhof«

Vino Südtirol – Trentino
Schöllkrippener Straße 3
D-63768 Hösbach
Tel. 06021/624366
Fax 06021/624365

Für Österreich und Schweiz:
Keine Angaben. Nähere Informationen direkt bei der Kellerei, Adresse siehe Seite 184.

Ignaz Niedrist

Lowin
Hamburgerstraße 177
D-2800 Bremen
Tel. 0421/4986706
Fax 0421/498130

Vini del Piemonte
Christa Klauke
Saarbrücker Straße 35
D-44135 Dortmund
Tel. 0231/524625
Fax 0231/553320

Garibaldi
Eberhard Spangenberg
Frohschammerstraße 14
D-80807 München
Tel. 089/3590222
Fax 089/3592929

Für Österreich:
Keine Angaben. Nähere Informationen direkt bei der Kellerei, Adresse siehe Seite 186.

Enoteca
Liechti Weine
Schneidergasse 10
CH-4003 Basel
Tel. 061/2818921
Fax 061/2814390

Vinothek Carl Studer
Langensandstraße 7
CH-6005 Luzern
Tel. 041/3604589
Fax 041/3611040

Graf Pfeil »Ansitz Kränzl«

Gerhard Kasan
Martins Weindepot
Holtenauerstraße 126
D-24105 Kiel
Tel. 0431/85776

Piemont Express
Jochen Glaby
Spichernstaße 33
D-40476 Düsseldorf
Tel. 0221/444080
Fax 0221/5141235

Alles aus Südtirol
Dr. Bosch
Rotenbergstraße 152
D-70190 Stuttgart
Tel. 0711/2850941
Fax 0711/2850943

BEZUGSQUELLEN

Enoteca Italiana, Roland Brunner
Andreasstraße 10
D-93059 Regensburg
Tel. 0941/86507
Fax 0941/89720

Für Österreich und Schweiz:
Keine Angaben. Nähere Informationen direkt bei der Kellerei, Adresse siehe Seite 188.

Heinrich Plattner »Ansitz Waldgries«

Wein Weber
Moser 16
D-88267 Vogt
Tel. 07527/6831
Fax 07527/5204

Südtiroler Weinimport
Barbara Stein
Nelkenstraße 13
D-93309 Kelheim
Tel. 09441/7726
Fax 09441/179544

Für Österreich:
Keine Angaben. Nähere Informationen direkt bei der Kellerei, Adresse siehe Seite 190.

Gottlieb Welti Söhne
Weinhandlung
CH-8700 Küsnacht
Tel. 01/9100313
Fax 01/9120313

Peter Pilger »Kuehnhof«

Weinkontor Reichel
Sobendieken 16
D-22609 Hamburg
Tel. 040/8229248
Fax 040/8229151

Vinogrande
Thomas Kierdorf
Von-Schmoller-Straße 8
D-45128 Essen
Tel. 0201/796698
Fax 0201/796699

Italienische Weine David
Gellerstraße 22
D-46397 Bocholt
Tel./Fax 02871/30735

Alois Dallmayr
Dienerstraße 14-15
D-80331 München
Tel. 089/21350
Fax 089/2135167

Für Österreich:
Keine Angaben. Nähere Informationen direkt bei der Kellerei, Adresse siehe Seite 192.

Enoteca
Liechti Weine
Schneidergasse 10
CH-4003 Basel
Tel. 061/2818921
Fax 061/2814390

Önothek Halde 9
Erika und Franz Gilli
Untere Halde 9
CH-5400 Baden
Tel. 056/2217606
Fax 056/2103902

Vinothek Carl Studer
Langensandstraße 7
CH-6005 Luzern
Tel. 041/3604589
Fax 041/3611040

Hubert Pohl »Köfelgut«

Keine Direktimporteure im Ausland. Nähere Informationen bei der Kellerei, Adresse siehe Seite 194.

Franz Pratzner »Falkenstein«

Weinhandel Va bene
Harald Nelsen
Graf-Moltke-Straße 26
D-28211 Bremen
Tel. 0421/344924

Der Weinladen
U. Pulfer
Augsburger Straße 13
D-82256 Fürstenfeldbruck
Tel. 08141/290816
Fax 08141/346041

Für Österreich:
Keine Angaben. Nähere Informationen direkt bei der Kellerei, Adresse siehe Seite 196.

Laager Weine
Martin und Christine Laager
Luzernerstraße 15
CH-6285 Hitzkirch
Tel./Fax 041/9170102

**Georg Ramoser
»Untermoserhof«**

Südtiroler Weingarten
Weinfachhandel B. Thomas
Hauptstraße 27
D-58730 Fröndenberg-Dellwig
Tel./Fax 02378/276

Toscana – der Weinladen
Große Maingasse 6
D-63500 Seligenstadt am Main
Tel./Fax 06182/20210

Cantina Rabaya
Hartmann & Partner
Renkenweg 2
D-78464 Konstanz
Tel./Fax 07531/34558

Wein et cetera
Werlbergerstraße 23
D-86551 Aichach
Tel./Fax 08251/7163

Für Österreich:
Keine Angaben. Nähere Informationen direkt bei der Kellerei, Adresse siehe Seite 198.

Toscavini AG
Kurt Grässli
Totentanz Nr. 5
CH-4001 Basel
Tel./Fax 0612/611600

Stefan Ramoser »Fliederhof«

Guter Wein
Torsten Tesch
Lehmweg 26
D-20251 Hamburg
Tel./Fax 040/42913855

Weinselig
Werner Matheis
Marienstraße 51-53
D-30171 Hannover
Tel./Fax 0511/327547

Haag Werner
Feinkost und Weine
Yorkstraße 20
D-76185 Karlsruhe
Tel. 0721/849348
Fax 0721/849788

Für Österreich und Schweiz:
Keine Angaben. Nähere Informationen direkt bei der Kellerei, Adresse siehe Seite 200.

**Heinrich Rottensteiner
»Obermoserhof«**

Il Caratello Weine
Heiligkreuzstraße 3
CH-9008 St. Gallen
Tel. 071/2448855
Fax 071/2446380

Für Deutschland und Österreich:
Keine Direktimporteure. Direktverkauf über Weinhäuser in Südtirol. Nähere Informationen bei der Kellerei, Adresse siehe Seite 202.

Schloß Sallegg

B.O.S. Britt Oestmann Sales
Tatenberger Deich
D-21037 Hamburg
Tel. 040/73717462

Weingalerie Oliver Wirtz
Hohlweg 1
D-53773 Hennef
Tel. 02242/7365

BEZUGSQUELLEN

Vinothek Toskana
Ludwigstraße 30
D-84524 Neuötting
Tel. 08671/961934

Barbaro GmbH
Freyung 3/Palais Harrach
A-1010 Wien
Tel. 01/4405958

Derksen L. & Co. GmbH
Laubeplatz 3-4
A-1101 Wien
Tel. 01/6043339

Hartmann Vinothek CEG
Wiener Neustädter Straße 20
A-2721 Bad Fischau
Tel. 0664/1359782

Barilis Vinothek
Schulstraße 1
CH-8952 Schlieren
Tel. 01/7733838

Oswald Schuster »Befehlhof«

Kein Export aufgrund der geringen Produktionsmenge. Direktverkauf über den Betrieb. Nähere Informationen bei der Kellerei, Adresse siehe Seite 206.

Stroblhof

Norbert Michl
Marktplatz 2
D-83115 Neubeuern
Tel. 08035/8188
Fax 08035/4675

Weinhaus Schmidtner
Nansenstraße 3
D-83301 Traunreut
Tel. 08669/901677
Fax 08669/901679

Weinvertrieb Weikenstorfer
Schützenring 52
D-93087 Alteglofsheim
Tel. 09453/996598

Für Österreich:
Keine Angaben. Nähere Informationen direkt bei der Kellerei, Adresse siehe Seite 208.

Mathier & Spuler A.G.
Industriestraße 6
CH-6055 Alpnach-Dorf
Tel. 041/6700510
Fax 041/6700513

Elena Walch

DC Domaine & Châteaux
Niederhofheimerstraße 61
D-65719 Hofheim am Taunus
Tel. 06192/2097-0
Fax 06192/209730
Für Österreich:
Keine Angaben. Nähere Informationen direkt bei der Kellerei, Adresse siehe Seite 210.

Weibel Weine
Moosweg 40
CH-3602 Thun-Gwatt
Tel. 033/3345555
Fax 033/3345556

Baron Widmann

Vini del Piemonte
Christa Klauke
Saarbrücker Straße 35
D-44135 Dortmund
Tel. 0231/524625
Fax 0231/553320

Für Österreich:
Keine Angaben. Nähere Informationen direkt bei der Kellerei, Adresse siehe Seite 212.

Enoteca
Liechti Weine
Schneidergasse 10
CH-4003 Basel
Tel. 061/2818921
Fax 061/2814390

Vinothek Carl Studer
Langensandstraße 7
CH-6005 Luzern
Tel. 041/3604589

COLLECTION
ROLF HEYNE

GUIDES FÜR KENNER UND GENIESSER

Jens Priewe
Die Weine des Piemont
268 Seiten
ISBN 3-453-11528-7

Rudolf Knoll
Die Weine Österreichs
248 Seiten
ISBN 3-453-13035-9

David Schwarzwälder
Die Weine Spaniens
288 Seiten
ISBN 3-453-13799-X

Wolfgang Faßbender
Die Weine des Elsaß
248 Seiten
ISBN 3-453-13784-1

HEYNE